每个人的自在人生,都在庄子那里。

Read Zhuangzi

人生无意读庄子

陈可抒 —— 著

北京联合出版公司

自 序 | 一位常被误解的妙人

陈可抒

庄子本是一位妙人，但是恐怕世人对他的误解未免太多了一些。比方说，司马迁在《史记》中这样形容他：

其言洸洋自恣以适己，故自王公大人不能器之。

按照这种说法，庄子是一个很会讲漂亮话的人，而这些话却很不实用，所以王公大人都根本没法起用他。但是，紧接着在下一句，司马迁就不得不记录这样一个事实：

楚威王闻庄周贤，使使厚币迎之，许以为相。

瞧，一个只有洸洋自恣之言的人，怎么会引得楚威王"许以为相"呢？这就说明了，司马迁所谓"王公大人不能器之"的推测，必定有不实的成分。而既然楚威王愿意以国相之重任来托付于他，不问可知，庄周必然是有一番经世之术的。

其实，老庄之学本来就是处世之学，也包含治世之学，人又哪能真的脱离世界而存在呢？只不过，他们讲究"无为自化，清静自正",多数世人只看到"无为""清静"这些法门,而忽略了"自化""自正"之根本目的,便觉得老庄之学虚无缥缈,不食人间烟火,殊不知大道本来就是虚的,唯其有了"化""正"之实,一切才有意义。老子讲:"埏埴以为器,当其无,有器之用。"正是这个道理。换言之,孔孟杨墨等学说更像是一条修好的路,直接指引弟子到某个山头去,老庄学说却是赠予弟子一个施工队,让弟子自己修路去想去的地方。其实这是更加高明的手段,当然,正因为其高明,也便更容易遭到误解。

那么,为什么要谈"清静""无为"呢?实际上,其核心要义应当是"清静诸般杂念""无为各种狭行",知行守一,以达到更高的境界,也就是所谓"逍遥"。《庄子》开篇讲《逍遥游》,开宗明义,便是这种精神:

北冥有鱼,其名为鲲,鲲之大,不知其几千里也。化而为鸟,其名为鹏,鹏之背,不知其几千里也。怒而飞,其翼若垂天之云。是鸟也,海运则将徙于南冥。南冥者,天池也。

鲲化为鹏,鹏怒而飞,北冥犹嫌不足,立志徙于南冥。这是怎样一幅不断进取的画面啊!哪里是狭义的"清静""无为"呢?人在世间,所求者无非境界,所欲者无非逍遥,若想求得如此,则必须一心向前,而种种杂念、狭行便是阻碍所在,非要祛除不可。这才是"清静""无为"的真意。哪里才是前方?逍遥可有尽头?在《逍遥游》的鲲鹏故事之后,应和着这样的索问,庄子的思辨也就渐渐地展开了。

故此，庄学本就是处世之学，它关注于如何解决问题。世人大多看到庄子的寓言波澜诡谲，便赞服其神妙冲虚，其实，无论多么华丽，它仍然是"埏埴以为器"般的存在，通俗一点讲，就是教化，其意义在于度人，在于授人以渔。世人多陷于愚钝，若不使用这种夸张的方式，他们又如何能瞧得见呢？于是，庄子把国家的战争比喻成蜗角虚名，把无用之事称为屠龙之技，把人之浅薄类比为井底之蛙……然而，即便如此，世人是否因此而纷纷醒悟了呢？显然没有。这又因为庄子之学讲究尊重每个人的天性，坚持启发，需要听者去凭借因缘自行体悟，而决不愿"指明"一条路教别人懵懵懂懂地走上去。毕竟，哪里才是"明"呢？每个人的见解各有不同，答案又怎么会相同呢？

所以，种种寓言也是悟道的法门而已，庄子并不看重它们，相反，庄子还常常强调："大辩不言。"换言之，既然认识都有其局限，状况都将会转化，那么，所有的言论无疑都是错的。这个命题本身并不算深奥，不过，它却几乎野蛮粗暴地否定了一切，包括惠子、孔子、墨子……这些同时代的思想传播者，当然，也包括庄子自己。那么我们不禁要好奇地问，既然"大辩不言"，庄子又是如何看待自己所留下的种种言论的呢？

不必怀疑，在这个问题上庄子早已做到了自洽，在《齐物论》中，他曲折繁复地论证了这个命题，而在《庄子·内篇》的结尾，他又十分隐秘地提及了它，运用的是极其巧妙高明的寓言：

南海之帝为儵，北海之帝为忽，中央之帝为浑沌。儵与忽时相与遇于浑沌之地，浑沌待之甚善。儵与忽谋报浑沌之德，曰："人皆有七窍，以视听食息。此独无有，尝试凿之。"日凿一窍，七日而浑沌死。

它到底讲什么呢？千百年来人们对此众说纷纭，既有人为浑沌之死而惋惜，又有人为儵忽之鲁莽而感叹。如果纠结于故事本身，那么你就输了，因为它根本就不是故事，而是一个极其高妙的比喻：北海之帝便是北冥之鲲，南海之帝便是南冥之鹏，浑沌便是庄子，鲲鹏来庄子处求天道之学，收益颇丰，谋报其德，便求庄子写下《庄子·内篇》七章，以彰其义，一章便是一窍，鲲鹏自以为凿开了智慧的七窍，可哪里知道，天道本无定法，大辩不可言说，囿于此七窍之文字，结局便是死亡。换言之，庄子提倡的是天道，而不是什么庄学，庄学因天道而生，也应当应天道而死，唯其如此，才是永恒。

这便是庄子的豁达，更是他学术的圆融，不仅如此，这一段本是《应帝王》的结尾，同时也作为《庄子·内篇》的结尾，明明在谈帝王的主题，却巧妙地引入了北冥、南冥之帝，从而恰好对开篇的《逍遥游》进行了神奇的呼应，从而使本书构成了令人惊叹叫绝的回环。奇妙吧？而它却又不过只是《庄子·内篇》四个结尾中的一个而已。在《庄子》中，这样的匠心巧运实在还有很多。

不同于《老子》的散言、《论语》的语录、《墨子》的随笔、《春秋》的微言大义，《庄子》的理论体系和论述体系尽皆完备。甚至可以这样讲：《庄子》的哲学逻辑和文学表达都是趋于完美自洽的，像一颗浑圆的珍珠，尤其是其《内篇》七章，前后勾连，互为表里，每一章都指向主题，每一节都彼此呼应，每一段都精心编排，最终形成了一气贯通的完美作品。

《庄子》写得很绮丽，但那不过是他兴之所至随手拈出的几枚花瓣而已，庄子真正的目的是要构建出一个严谨、完善的哲学体系，然后再将它内化于读者的心中。不过，尽管并非刻意，其高超的文笔、深刻的思想、圆融的智慧，却最终使文学和哲学在《庄子》这本书中珠联璧合。不谈其哲学，则不知其文学之壮美；不谈其文学，则不知其哲学之深刻。文学与哲学相得益彰，共同屹立在人类思想文明史的巅峰，恐怕世间没有第二本这样的书了。

庄子是一位妙人，《庄子》是一本奇书，必定不容易参透，否则又怎么能称得上是高妙呢？我读《庄子》便常常会有些新的领悟，这即是说：其一，我的见解往往和先贤们有所不同，其中必有误解；其二，我此刻的见解也终将被新的看法所迭代。总之，大辩不言，天道永恒，此刻之言远非大道，却是为了求得大道，毕竟，误解是通向真理的必经之路。那么，我可以坦然地说：本书对庄子有新的正解，也有新的误解；我们过去对庄子有所误解，将来也一定会不断地误解下去。

- ◎ 葆光 ……〇七五
- ◎ 陷于战争烦恼的尧 ……〇七七
- ◎ 懵懂无知的啮缺 ……〇八一
- ◎ 勤奋好学的瞿鹊子 ……〇八五
- ◎ 迅速领悟的瞿鹊子 ……〇八八
- ◎ 人即是影,影即罔两 ……〇九〇

目录

● 逍遥游

◎ 寓言

- ◎ 鲲是大鱼吗？鹏是大鸟吗？ ……○○四
- ◎ 北冥虽大，岂是囚我之所？ ……○○五
- ◎《齐谐》的记录，成就的记录 ……○○六
- ◎ 大鹏看到了野马与尘埃 ……○○九
- ◎ 鲲化为鹏的自我总结 ……○一○
- ◎ 蜩与学鸠心虚而嘲笑 ……○一三
- ◎ 汤以鲲鹏故事为教材 ……○一五
- ◎ 宋荣子犹然笑之，列子犹然等待 ……○一九
- ◎ 至人无己，神人无功，圣人无名 ……○二二
- ◎ 许由拒绝越俎代庖 ……○二四
- ◎ 藐姑射之山何必争执 ……○二六
- ◎ 不龟手之药有用还是无用 ……○二九
- ◎ 无何有之乡即是我心 ……○三三

● 齐物论

◎ 吾丧我

- ◎ 人籁、地籁、天籁 ……○四四
- ◎ 乐出虚，蒸成菌 ……○四七
- ◎ 非彼无我，非我无所取 ……○五○
- ◎ 一受其成形，不亡以待尽 ……○五三
- ◎ 人亦有不芒者乎？ ……○五五
- ◎ 道隐于小成，言隐于荣华 ……○五六
- ◎ 物无非彼，物无非是 ……○五九
- ◎ 天地一指，万物一马 ……○六一
- ◎「用」和「庸」的区别 ……○六二
- ◎ 朝三暮四，和之以是非 ……○六五
- ◎ 道之所以亏，爱之所以成 ……○六七
- ◎ 天地与我并生，万物与我为一 ……○六八
- ◎ 道未始有封，言未始有常 ……○七○

● 德充符

◎ 孔子能够理解兀者王骀 …… 一五五
◎ 子产开始理解兀者申徒嘉 …… 一六〇
◎ 孔子不能理解兀者叔山无趾 …… 一六三
◎ 孔子看似理解恶人哀骀它 …… 一六八
◎ 四个故事,七种符命 …… 一六九
◎ 有人之形,无人之情 …… 一七二
◎ 人故无情 …… 一七五
◎ 道与之貌,天与之形 …… 一七六

● 养生主

- ◎ 吾生也有涯，而知也无涯 …… 〇九七
- ◎ 为善无近名，为恶无近刑 …… 〇九八
- ◎ 庖丁解牛，妙在养生 …… 一〇一
- ◎ 右师参悟天道 …… 一〇五
- ◎ 泽雉不愿为王 …… 一〇六
- ◎ 秦失三号而出 …… 一〇九
- ◎ 指穷于为薪 …… 一一〇
- ◎ 火传不知其尽 …… 一一一

● 人间世

- ◎ 孔子诘问颜回之行程 …… 一一七
- ◎ 内直外虚与内直外曲 …… 一二一
- ◎ 心斋胜于一切 …… 一二五
- ◎ 孔子勉励叶公子高之行程 …… 一二九
- ◎ 蘧伯玉教导颜阖之行程 …… 一三三
- ◎ 螳臂不当车，养虎不触怒，爱马不骄溺 …… 一三四
- ◎ 三样事情，三种手段 …… 一三六
- ◎ 匠石与弟子评价不材之树 …… 一三九
- ◎ 世人以为不祥，神人以为大祥 …… 一四三
- ◎ 我本楚狂人，凤歌笑孔丘 …… 一四六
- ◎ 方今之时，仅免刑焉 …… 一四八

● 应帝王

◎ 蒲衣子潜移默化 ……二一〇
◎ 蒲衣子以己为马牛 ……二二一
◎ 庄子的隐藏寄语 ……二二三
◎ 是「德」还是「欺德」？ ……二二四
◎ 游访天下，还是游心于淡？ ……二二六
◎ 学道不倦，还是游于无有？ ……二二九
◎ 化贷万物而民弗恃 ……二三〇
◎ 深不可测之境 ……二三四
◎ 儵忽凿窍，浑沌死 ……二三六

● 大宗师

- ○ 知天之所为，知人之所为 ……一八二
- ○ 真人的定义 ……一八五
- ○ 相濡以沫，不如相忘于江湖 ……一九〇
- ○ 问道之路 ……一九三
- ○ 大宗师之路 ……一九五
- ○ 以无为首，以生为脊，以死为尻 ……一九八
- ○ 鱼相忘乎江湖，人相忘乎道术 ……二〇三
- ○ 孟孙才不哀其母 ……二〇五
- ○ 意而子一心求道 ……二〇七
- ○ 颜回先于孔子坐忘 ……二一〇
- ○ 子桑尚未领悟 ……二一三
- ○ 逍遥并非唾手可得 ……二一五

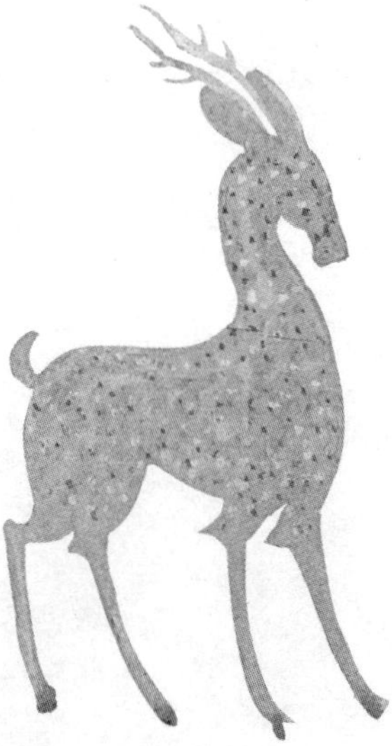

第一篇

逍遥游

一切逍遥的本质都指向一个命题——回来做自己。

世人多认为庄子承袭老子衣钵，"清静无为"，然而，在《逍遥游》的开篇，庄子便展示了他宏大的志愿——鱼子化为巨鲲，鲲化为鹏，鹏怒而飞，身在北冥，却又追逐南冥，不遗余力——试问，这哪里是"无为"呢？

其实，庄子之人生宏愿便是探寻天道，并为此孜孜不倦，其精神积极而进取，其情怀浪漫而奇崛，其处世圆融而智慧，所谓"清静无为"，不过是探寻天道的一个法门，不过是身处乱世一个小小的智慧罢了，哪里是庄子的全部呢？

读庄子，要先了解庄子的积极进取之智慧，再谈清静无为等法门，故此，《庄子》的开篇便是《逍遥游》，先树立境界，然后才是其它各篇的详细辨析。

在《逍遥游》一篇里，庄子煌煌数言，侃侃而谈，罗列神奇，讲述了鲲鹏之大与蜩鸠之小，讲述了宋荣子笑看世事与列子御风而行，讲述了不龟手之药与大瓠之用，凡此种种，多篇对比的故事，其实都指向一个命题：逍遥游的本质——"知道"。

如何能够"逍遥游"？庄子的答案是：要认清大小的本质，要明了自己的位置，要知晓自己的不足，要开拓思路、追求更高远的境界。这便是所谓"知道"：探知己之道，明知己之道不如天之道，求知天之道。

郭象对此有一段非常精要的评述：夫小大虽殊，而放于自得之场。则物任其性，事称其能，各当其分，逍遥一也，岂容胜负于其间哉！

这即是说：

其一，明确差距。要承认小和大是有区别和差距的。庄子常常有"大即是小，小即是大"的阐述，但那只是看问题的方法，它只是辨明事物的相对论，并不是否定小和大的本来面貌。

其二，不争胜负。小与大的区别不重要，不必争出胜负。小和大只是生命中不同的阶段，若是执着于其中的高下，又何以"逍遥"？

其三，自得其分。要"自得"，要"各当其分"。小有小的追求，大有大的目标，应当各自为此而努力，"物任其性，事称其能"。

由此，我们便大略可以看出，其实庄子的学说充满了进取的精神，而且，很有手段，很有方法，不用蛮力，尊崇智慧。至于"清静无为"等号召，不过是扬弃与进取的法门而已，并非是真正的目标所在。

总之，富有大智慧的进取心，逍遥于本我，才是庄子学说的真谛，而如何获得逍遥之游，便是进入庄学的门径。故此，整本《庄子》，开宗明义，第一篇便是《逍遥游》。

> 北冥有鱼,其名为鲲。
> 鲲之大,不知其几千里也。
> 化而为鸟,其名为鹏。
> 鹏之背,不知其几千里也。
> 怒而飞,其翼若垂天之云。
> 是鸟也,海运则将徙于南冥。
> 南冥者,天池也。

寓言

一个故事,寄寓圣言

《庄子》的开篇,是《逍遥游》,而《逍遥游》的开篇,又用极"逍遥"的方式讲了一个"游"于世间的故事。将艰深的道理隐喻在奇美的故事之中,仅凭此一节,便将庄子所独有的浪漫雄奇的气质表现得淋漓尽致。

耐人寻味的故事,远胜于枯燥的说理。庄子的故事,结构繁复、内容丰满、想象瑰奇、变化多端,绝不是寻常的街闻巷语,自然会引人入胜,使人爱不释手。这使庄子在先秦诸子乃至整个中国文学中都具有不可比拟的美。

鲲是大鱼吗？鹏是大鸟吗？

一个故事，三重立意

我们都知道"鲲鹏水击三千里"，这是极大的气势，但实际上，探究"鲲"字，其本义却是鱼子、鱼苗，是小到不能再小的鱼，而鹏呢，恐怕是庄子创造出来的一种鸟，它来源于"朋"，本意是聚集而飞的小鸟。——咦！明明都是极小之物，为何却要专写其大呢？这便是庄子独特的哲学蕴含了！含义有三：

其一，小即是大，大即是小。

和凡人比，几千里便是大；和宇宙比，几千里便是小。若是没有具体的语境，谈论大小便毫无意义。跳脱出思维的局限，便有别样的收获。

其二，小大将转化，事物会成长。

今日之几千里巨鱼，正是当时小小的鱼子；今日之几千里大鹏，正是当时群飞的小鸟。何必以小来一概视之？何必以大来一概而论？大小将会转化，切莫被已有的成见所拘束。

其三，名称只是代号，内涵才有意义。

身为巨鱼，名却为"鲲"，又有什么不可以呢？世间所有的事物，本质上都是"名""实"互不相符的。探求其"实"，莫要被其"名"所蒙蔽，才会获得真理。

——看！如此丰富的含义，却可以通过一个故事、几处用字，又深刻又生动地表现出来；反过来想，也只有用如此精妙的文学手法，才能讲出如此深刻的哲学含义，且不枯燥、不呆板。这便是《庄子》的魅力了!

有些人读到这里,认为"鲲"太小,不符合"几千里"的描写,便将"鲲"擅自改为"鲸",以为"鲸"更大一些。——这才大错特错!而且弄巧成拙,错得很庸俗。试问,难道"鲸"就有几千里吗?以北冥的视角来看,人间之所谓"鲸",其实不过还是小小的"鲲"而已。

北冥虽大,岂是囚我之所?

第一种视角
<u>讲述者点出问题的内核</u>

北冥,也即是北溟,即是北海,但若是将其简单地理解为北海,那便失去了庄子的原意。——冥,溟漠无涯,浩渺无边,岂是一个"海"字能够担得?

有意思的是:既然是宽广无垠的北冥,那么,鲲与鹏虽然如此巨大,也自然是可以容纳得了的;然而,鹏却决心乘着"海运"(也就是海势)去往南冥,也就是天池,那里也许更宽广、更浩渺。

鲲鹏生长在北冥,北冥也足够广大,然而,这就是使我一生困在此处的理由吗?南冥地处另外一端,极其遥远,且仅仅是听说而已,不知道其实际情况,然而,这就是能够制止我前去的阻碍吗?北冥,暗示为"地池",南冥,明示为"天池",

努力追求，由地徙于天，便是人生的原动力。然而，即便南冥并非天池，我们就必须要困于地池之中吗？一切未知之风景不都是我心中之天池吗？故此，即便那里不宽广、不浩渺，去往南冥亦是必做之事。

鲲化为鹏，"怒而飞，其翼若垂天之云"，一个"怒"字，便是其精神的最好写照。人生于世，便有源源不断的精神，有什么能阻止我们不断前行，去追逐更好的风景呢？

鲲，本是小小的鱼子，却逐渐化为巨鱼，巨鱼犹不自满，又化为会飞的大鹏，仍不停歇，又打算从北冥飞往南冥。这不正是庄子的进取精神吗？永不止步，永不停歇，这才是庄学的宗旨。

北冥已经足够广阔，鲲鹏之变化也已经足够惊人，然而，一切仍然不能使人餍足，这不正是人类与生俱来的探索精神吗？眼前的故事已经足够神奇，而背后的故事还将千变万化，这不正是人类所热爱的无止境的求知吗？北冥虽大，岂是囿我之所？鲲鹏变化，人生岂止于此？庄子在开篇即寄寓主旨，隐隐抛出"人要去往何方"的大命题，之后，又从各个角度对此加以阐释。

《齐谐》者,志怪者也。《谐》之言曰:"鹏之徙于南冥也,水击三千里,抟扶摇而上者九万里,去以六月息者也。"野马也,尘埃也,生物之以息相吹也。天之苍苍,其正色邪?其远而无所至极邪?其视下也,亦若是则已矣。

《齐谐》的记录，成就的记录

第二种视角
旁观者只关注成功的光鲜

《齐谐》是一本书，专门记录世间神奇之事。庄子在讲述了鲲鹏的故事之后，忽然引用了《齐谐》对于鲲鹏的记载。仍然是同样一个故事，换一个视角，便又多了许多深意：

首先，《齐谐》的切入点不同。

《齐谐》并没有记录鲲、鲲化为鹏、鹏之怒、鹏欲乘海运等事，只是由一个结果写起："鹏之徙于南冥也。"——这不正是旁观者常有的视角和心态吗？

人若成了英雄，完成了某项壮举，类乎"鹏之徙于南冥"，便会赢得世人的关注，便会有《齐谐》这样的书来加以描写，并且，只对其壮举大书特书。当年如何发心？如何变化？如何奋进？如何化为巨鱼、巨鸟？如何躁动不安？如何怒而飞？往往会一带而过，甚至不以为然。

大鹏成功地"徙于南冥"，便赢得了世人的关注和尊重。有多少人也曾一点一滴地努力，化鱼、化鸟，经历种种磨难，却不幸最终倒在南冥之前。这样的人，怎么会被《齐谐》所记录呢？他们连关注度都没有，又怎么会获得荣耀呢？

其次，《齐谐》的侧重点不同。

小鱼、小鸟成长为巨鲲、大鹏，"不知其几千里也"，然后"怒而飞，其翼若垂天之云"，这些景象难道不壮观吗？当然壮观。只不过，这是当事人心中的壮观，旁观者所关注的壮观，却是"水击三千里""抟扶摇而上者九万里"这些成功之后的壮阔。

鲲"化而为鸟"，必定有其艰辛，然而却无人关注；鹏徙于南冥，六个月才得以休息（"去以六月息者"），亦有许多困苦，却被世人所铭记。艰苦的本质没有分别，不同的是各自的内心及其视角。

这一段，庄子假托《齐谐》之名，巧妙地给出了第二个视角，即世人的视角，与之前讲述者的视角两下对照，便又发出深意。《齐谐》之书不一定真有，庄子的巧笔却实在令人赞叹！如此简洁的一个故事，庄子却又从另外的角度给出新奇的解读，其笔法当真是诡谲壮阔！

大鹏看到了野马与尘埃

第三种视角
当事者关心成长与未来

旁观者凭借自己猎奇的心态而指指点点，这些对当事者其实毫无意义，吸引他的是另外的景色：

其一，享受收获的乐趣。

大鹏在高空中翱翔，看到了世间万物不过是野马尘埃，生生不息，以气相吹。这不正是"会当凌绝顶，一览众山小"的感受吗？想当年，身为鱼子，如此渺小，犹如沧海一粟，亦是野马尘埃；现如今，俯视世间，成了野马尘埃的俯瞰者，境界变得高远而通达。这不正是成长所带来的收获吗？

其二，关注未来的成长。

大鹏还看到"天之苍苍"，这是天的本色吗？天是如此遥远而没有尽头的吗？大鹏已经飞到如此高度，却依然有很多未知，此时再看看身下的野马尘埃，那些已知之事，亦不过如此，那么，是应该停滞不前，还是继续前进，就无须再多说了吧！

这就是庄子所给出的第三种视角，大鹏的视角，再与之前的旁观者的视角相比，便又有了新的深意。

> 且夫水之积也不厚,则其负大舟也无力。覆杯水于坳堂之上,则芥为之舟。置杯焉则胶,水浅而舟大也。风之积也不厚,则其负大翼也无力。故九万里则风斯在下矣,而后乃今培风;背负青天而莫之夭阏者,而后乃今将图南。

鲲化为鹏的自我总结

第三种视角（续）
当事者善于总结经验

正在空中翱翔之时，除了眼前所看到的野马、尘埃，大鹏也在回顾与总结。

首先是水。

"水之积也不厚，则其负大舟也无力。"其实，所积累的并不是水，而是自身。从鱼子到巨鲲，自身慢慢成长，便能感到水在渐渐变"浅"，最后"化而为鸟"，不正是因为"水浅而舟大"吗？

其次是风。

"风之积也不厚，则其负大翼也无力。"其实，所积累的并不是风，而是自身。大鹏也在逐渐成长，直至升入九万里高空，"背负青天而莫之夭阏"，最后将要去往南冥，不也是因为风"浅"的缘故吗？

此时，大鹏为何要反思水之积、风之积呢？因为水之积是鲲成长之秘诀，而风之积是鹏成长之秘诀。飞至南冥以后，一切又当如何呢？此时尚且无法预测。但可以肯定的是，大鹏仍然会继续成长，会因为"水浅而舟大"而继续有所变化，毕竟，这是生命的原力。

蜩与学鸠笑之曰："我决起而飞，抢榆枋而止，时则不至，而控于地而已矣，奚以之九万里而南为？"适莽苍者，三餐而反，腹犹果然；适百里者，宿舂粮；适千里者，三月聚粮。之二虫又何知？
小知不及大知，小年不及大年。奚以知其然也？朝菌不知晦朔，蟪蛄不知春秋，此小年也。楚之南有冥灵者，以五百岁为春，五百岁为秋；上古有大椿者，以八千岁为春，八千岁为秋，此大年也。而彭祖乃今以久特闻，众人匹之，不亦悲乎！

蜩与学鸠心虚而嘲笑

第四种视角
退缩者惯于自我安慰

大鹏背负青天,且飞且思考,《齐谐》记录了他的成就和荣耀。那么,还有一些人,飞得不如大鹏那么高,他们在做什么呢?

蜩与学鸠是小虫,不能与大鹏同行,亦不能与大鹏同类,便在大鹏看不见之处议论他,"笑之",其笑有二:

其一,艰苦。

小虫之飞,只须"决起",刹那之间即可决定,可以率性而为,便不必像大鹏那样劳于心力,苦苦地准备,一定要等待"海运"才能借势而飞。

其二,风险。

倘若小虫没有一口气飞到目标,只是"控于地而已矣",何险之有?想那大鹏,飞至如此高空,路途如此遥远,一旦精疲力竭,稍不注意,恐怕会摔个粉身碎骨!

诚然,只是去外面转一转,便不需要什么准备,要去到几千里外,则非要准备足够的干粮不可,这都是很简单的道理。然而,在不同的选择背后,其艰苦和风险,是否人人能够懂得?其信念和收获,又是否人人能够懂得?

每个人都会面对世界,忖度自身,立下志向,许多人的志向都很不平凡,仿佛有种"怒而飞,其翼若垂天之云"的气势。

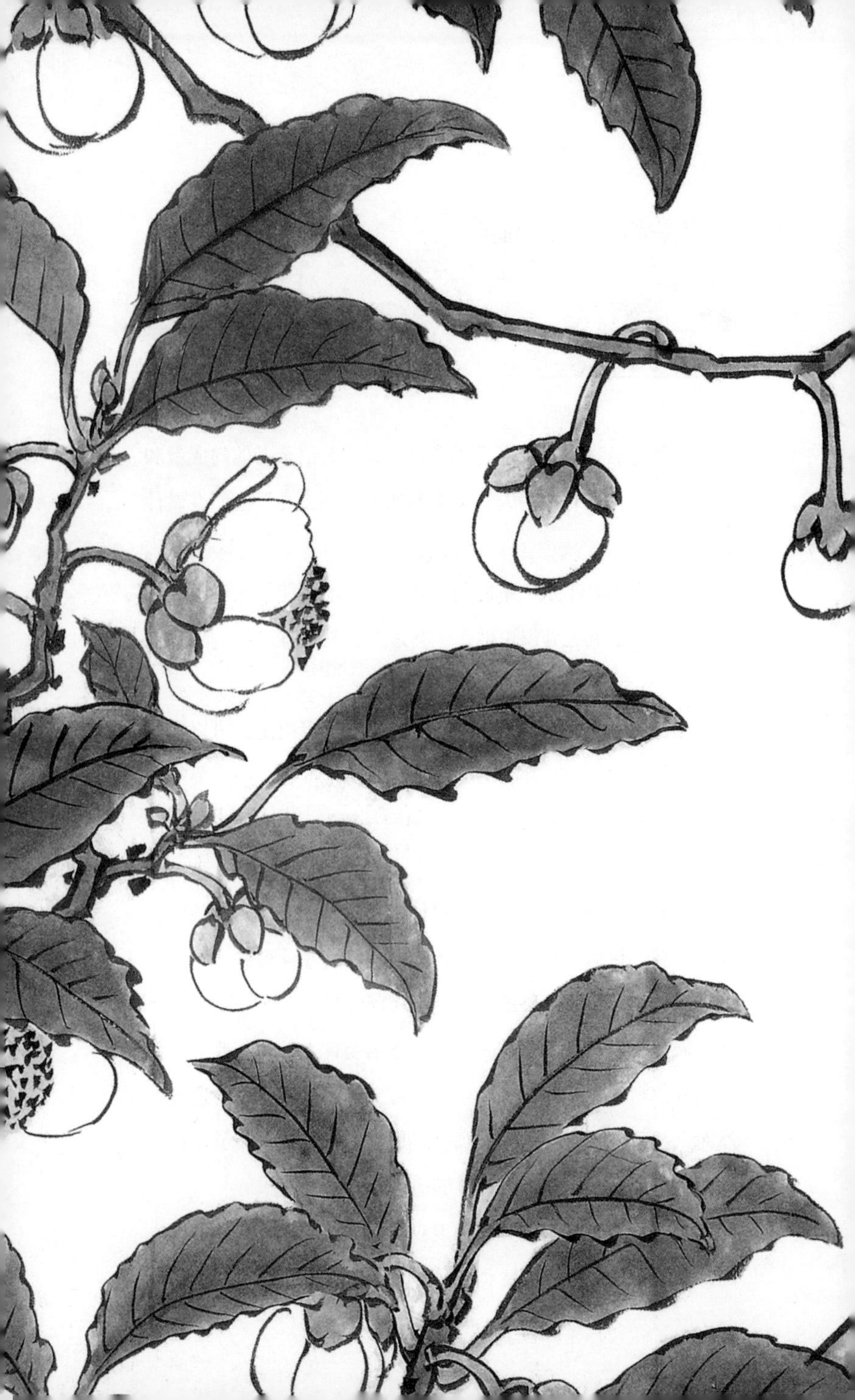

当然，这志向自是愈高远愈好，然而，有多少人在此同时也积极地"三月聚粮"了呢？所谓"聚粮"，不只是一般的物质基础，也包括决心和信念这样的精神基础，如此才能克服困难，毫不退缩，直至抵达目标。那么，在真正的路途当中，在卓绝的艰苦和生死的风险面前，有几人能像大鹏一样意志坚定地前进呢？

"小知不及大知，小年不及大年。"世人以为几百岁的彭祖已是长寿，岂不知，他远远不及寿命更长的冥灵和大椿。这样的短见，不正类同于"朝菌不知晦朔，蟪蛄不知春秋"吗？不也正是蜩与学鸠满足于"抢榆枋而止"的见识吗？如此自满于现状，怎可获知更加高远的风景呢？

其实，蜩是昆虫，本是小知中的小知，学鸠是小鸟，本是小知中的大知，他们飞行的时候并不同群，原本不是一类。然而，看到大鹏如此出色的成就，他们无法跟随，又心有不甘，便在心虚之余给自己找了若干借口，然而还嫌不够，便又找到"志同道合"的同党彼此安慰，互相打气。——这不正是那些差劲的退缩者惯用的伎俩吗？

汤之问棘也是已。
穷发之北,有冥海者,天池也。
有鱼焉,其广数千里,
未有知其修者,其名为鲲。
有鸟焉,其名为鹏,背若太山,
翼若垂天之云。
抟扶摇羊角而上者九万里,
绝云气,负青天,然后图南,
且适南冥也。
斥鴳笑之曰:"彼且奚适也?
我腾跃而上,不过数仞而下,
翱翔蓬蒿之间,
此亦飞之至也。
而彼且奚适也?"
此小大之辩也。

汤以鲲鹏故事为教材

第五种视角
有志者善于抓住要点

身为退缩者的蜩与学鸠仅仅是躲在幕后，指指点点，热衷于发表自己的意见，那么，还有一些像鲲鹏一样的有志者，其表现又是怎样的呢？

汤是有道的君主，立志要做一番大事业，所以，他既关注了鲲鹏后期的成就，也关注了鲲鹏初期的艰辛，既关注了鲲鹏的决心，也关注了背后的议论。在汤与棘的谈话中，他们把鲲鹏的故事从头参悟了一遍，因为有了明确的目标，便对其中的一些要点极为关注，故而，呈现出十分不同的视角：

其一，关注了事件的全过程，而不是管中窥豹。

在之前的文字里，庄子已经对鲲鹏故事展示了四个视角，然而，每一个视角都是其中的片段，只有在汤与棘的讨论中，整个故事才一并完整地串联起来，这是由出发点的不同而导致的。

以鲲鹏的结局而言，开篇故事只是讲到"图南"即止，意在鼓励进取；《齐谐》只是记录了"适南冥"之结果，意在记载奇观；大鹏只是展示了"适南冥"过程中的景观与反思，意在思故图新；蜩与学鸠只是单纯地加以评论，意在掩饰心虚；他们都只是割裂地关注其中的局部而已。

唯有汤与棘，从穷发之北开始推演整个事件，关注事情的每一个环节，尤其是"绝云气，负青天，然后图南，且适南冥"这样一个连贯的过程，其中包含着完整的逻辑和具体实施方案，这是有志者才会具备的全局视野。

其二，关注了确切的细节，而不是泛泛之谈。

汤所关注的细节，包括确切的地点、鲲的成长过程、鹏的飞翔过程等等，其他人抱以看热闹的心态，便往往容易忽略。

别人口中的"北冥"，在此便是"穷发之北，有冥海者"，虽然只是多了少许的细节，却体现出汤对于此事件真实性的关注；别人口中的"鲲之大，不知其几千里也"，只是谈论其"大"，在此便是"其广数千里，未有知其修者"，透露出问询细节而未得的遗憾之情；鹏之飞翔，在此亦是"抟扶摇羊角而上"，相比于《齐谐》之中的"抟扶摇而上"，"羊角"无疑是内行人才会关注的具体手法与门道。

其三，关注了议论者的态度，而不是心理活动。

鲲鹏之惊人壮举，除了会赢得无数赞叹，也必然会招致一些非议。蜩与学鸠、斥鴳，都曾对此事加以嘲笑。在此，汤所注意的只是斥鴳反复地议论"彼且奚适也"，这表明了小鸟不能理解大鹏的远大目标，同时，亦表明了鹏适南冥之事并无根本的问题，坊间的种种议论不足为意，而斥鴳是否像蜩与学鸠一样因畏惧而逃避、因心虚而掩饰，汤并没有关注。——那并不是有志者要考虑的事情！

仍然还是同一个故事，由于讲述者的不同，其呈现的重点和细节也就大相径庭。汤的关注具有全局性，注重实施的具体细节，亦会过滤不必要的信息，这便是有志者的视角。

鲲鹏的故事，一波几折，至此才算是完全结束，这个故事本身已经很奇幻了，庄子却用了五个视角来分别讲述，变幻多端，汪洋恣肆，正是庄子独特的雄奇之处！

宋荣子犹然笑之，列子犹然等待

故事余音
天地依然广阔，犹非鲲鹏所及

上文中，汤对鲲鹏的关注，表明了他是一位有志者。然而，宋荣子"犹然笑之"，因为鲲鹏的故事只是小大之辩，只是一种认识论，而逍遥游的真正诀窍却并不在于此，而是另有一套方法论。

诀窍之一：定乎内外之分。

以个人而言，内心之外，全是外物，必须要确定地知晓内外的分别。譬如，鲲鹏的故事足够精彩，但那依然是外物，对汤而言，难道从中悟出了小大

> 故夫知效一官，行比一乡，德合一君，而征一国者，其自视也，亦若此矣。而宋荣子犹然笑之。且举世而誉之而不加劝，举世而非之而不加沮，定乎内外之分，辩乎荣辱之境，斯已矣。彼其于世，未数数然也。虽然，犹有未树也。夫列子御风而行，泠然善也，旬有五日而后反。彼于致福者，未数数然也。此虽免乎行，犹有所待者也。若夫乘天地之正，而御六气之辩，以游无穷者，彼且恶乎待哉！故曰：至人无己，神人无功，圣人无名。

之辩，又因此而受到激励，便可以逍遥游了吗？当然远远不够，更重要的是阐明自己的内心，笃定内心的目标。

诀窍之二：辩乎荣辱之境。

虽然内心最为重要，但是人亦不能脱离外物而存在，鲲鹏的激励是外物，斥鴳的讥笑也是外物。按照庄子的学说，荣与辱都是客观存在的事实，且都会对内心产生不可忽视的影响，我们要做的是将它们辩证清楚，而不是一味地否定之、无视之。

譬如说，"举世而誉之而不加劝"，其含义是说，即使全世界都在赞扬你，也不必因此而受到激励——那些只是外象，真正使你受到激励的，应当是内心的坚定；"举世而非之而不加沮"也是同样。听了鲲鹏的激励，应当有所感悟，而并不受其蛊惑；听了斥鴳的讥笑，应当有所警觉，而并不受其扰动。

小大之辩，只是认识论，切不可停留于此；定乎内外之分，辩乎荣辱之境，也只是方法论，亦远未到大道的终极。宋荣子并不"数数然"地追逐名利，可称是超脱于外物了，但他仍然有更高的境界要去追求、去树立；列子并不"数数然"地追逐清福，也已经可以御风而行了，可算是已有小成，但他仍然要借助风力，还谈不上逍遥。

至人无己，神人无功，圣人无名

逍遥游立言小结
三种准则，因人而异

《逍遥游》以鲲鹏的故事为开篇，以五种视角来反复阐述，至此，庄子给出了全篇的总结：至人无己，神人无功，圣人无名。

若是确定了自己的内心，并且笃定地遵从、追求，不受外物的扰动，这便是至人了。而如何判断呢？如果他不去"数数然"地追逐私利，从而迷失了自己的本心，那么，便知道他可以不受外物的困扰。这便是"至人无己"。

天地间仍有一些人，不满足于日常个人化的生活，而是追逐一些成就，譬如报效一方、德行一乡、造福一国等等，以某项福祉为自己内心的目标，这便是神人。他应当"无功"地去实践自己的理想，而不是"数数然"地追逐表面的功绩。这便是"神人无功"。

还有一些人，不拘于个人的境界，亦不囿于一国一地的得失，而是去追逐天地的大道，这便是圣人。圣人容易为名声所累，所以应当警惕，应当参悟真正的大道，而不是"数数然"地追逐盛名。这便是"圣人无名"。

至人、神人、圣人，其实是个人的三种境界，并无高低之分，只是因为内心的状况不同，便须面对不同的外物。无己、无功、无名，各是至人、神人、圣人所不同的警惕所在。

由此我们亦可以知晓：小大之辩只是庄子学说中认识世界

的一个法门，"小知不及大知"只是客观地说明了"小知"在认识上的局限；然而，亦不存在绝对的"大知"，毕竟大小只是相对的，没有永恒之大，亦没有永恒之小。

就现实世界而言，人可以为至人，可以为神人，可以为圣人。再以圣人而言，其中有"大知"的圣人，亦有"小知"的圣人，一切都是相对而论，没有绝对的高下之分。人们应当参定自己的本心，不断地突破自己的局限。

若是强调大小的绝对，一味追求"大知"，则无可行之处；若是强调大小的相对，毫无追求，则一切无意义。所以，不仅要有"小大之辩"的认识论，更要有"定乎内外之分"的方法论。而在具体的方法上，无非便是三种：至人无己，神人无功，圣人无名。

若是"知效一官，行比一乡，德合一君，而征一国"，则只是粗通了"小大之辩"的认识论，难怪宋荣子"犹然笑之"。真正知晓无己、无功、无名，才算是找到了逍遥游的门径。

至此，"逍遥游"的立言便告一段落，后面还有几个寓言故事，是对以上立言的例证和多角度阐释。

这一段收尾的阐释引出了"定乎内外之分"的道理，这正是庄学重要的理论基石之一，下一篇《齐物论》将对此展开深入的讨论，并以"吾丧我"为切入点，这亦是"至人无己"的一种阐释。

许由拒绝越俎代庖

逍遥游寓言之一
天下虽大,非吾所用

在给出了"至人无己,神人无功,圣人无名"的方法论后,庄子又讲述了几个故事,来加以辅助说明。

尧想要让天下给许由,却被许由以"越俎代庖"的比喻给拒绝了,这便是"圣人无名"的体现。而此中有几处细节颇可使人留心:

其一,尧之才能不如许由。

按照尧的说法,尧是爝火、浸灌,许由是日月、时雨,也即是说,尧的才能要远逊于许由。而许由听了此话,并未加以反驳,而是默然接受,甚至还用了"庖人虽不治庖"的比喻暗示尧确实存在才不配位的情况。

尧让天下于许由,曰:"日月出矣,而爝火不息,其于光也,不亦难乎!时雨降矣,而犹浸灌,其于泽也,不亦劳乎!夫子立而天下治,而我犹尸之,吾自视缺然,请致天下。"许由曰:"子治天下,天下既已治也。而我犹代子,吾将为名乎?名者,实之宾也,吾将为宾乎?鹪鹩巢于深林,不过一枝;偃鼠饮河,不过满腹。归休乎君,予无所用天下为!庖人虽不治庖,尸祝不越樽俎而代之矣。"

其二，许由不因才能而拒绝。

许由拒绝的两条理由都完全出于自我的考虑：首先，我不可为名而治天下；其次，天下对我无所用，真正有用的，不过是一根树枝和饱腹之水而已。

其三，许由考虑的是天道。

许由的拒绝，也出于他对于大道的理解：尧如同庖人，就算不治庖，也应该在庖人之位；许由如同祭祀，自有其位，不可以越俎代庖。

许由的拒绝，所遵循的自然是"圣人无名"的方法论了，然而，再从细节上探究，我们会发现：其一，许由不因才能高于尧而接受天下，这便是"举世而誉之而不加劝"；其二，许由考虑自己治天下是否为名、是否有用，这便是"定乎内外之分"；其三，许由给出"越俎代庖"的比喻，这便是"大知"的视角，体察世间的规律。凡此种种，尽在前文的论述当中。

肩吾问于连叔曰："吾闻言于接舆，大而无当，往而不返。吾惊怖其言，犹河汉而无极也，大有径庭，不近人情焉。"

连叔曰："其言谓何哉？"

曰："藐姑射之山，有神人居焉。肌肤若冰雪，绰约若处子。不食五谷，吸风饮露。乘云气，御飞龙，而游乎四海之外。其神凝，使物不疵疠而年谷熟。吾以是狂而不信也。"

连叔曰："然。瞽者无以与乎文章之观，聋者无以与乎钟鼓之声。岂唯形骸有聋盲哉？夫知亦有之。是其言也，犹时女也。之人也，之德也，将旁礴万物以为一，世蕲乎乱，孰弊弊焉以天下为事！之人也，物莫之伤，大浸稽天而不溺，大旱金石流、土山焦而不热。是其尘垢秕糠，将犹陶铸尧、舜者也，孰肯以物为事！

"宋人资章甫而适越，越人断发文身，无所用之。

"尧治天下之民，平海内之政。往见四子藐姑射之山，汾水之阳，窅然丧其天下焉。"

藐姑射之山何必争执

<u>逍遥游寓言之二</u>
<u>未知之事，非我所议</u>

藐姑射之山是"楚狂"接舆所描绘的神山，肩吾表示很怀疑，便问询连叔，却得到了连叔的两重批评。

首先，连叔认为肩吾对于未知之事过于武断，不够敬畏。

盲人看不见文章之美，聋者听不见钟鼓之声，而在某些未知的领域，我们是否如同盲人、聋者一样无知呢？诚然，接舆所描述的藐姑射山不一定是绝对正确的，但你可以用事实来驳斥它，却不能因为这个说法很"狂"、超出了自己的理解力而否定它。如果不能否定，说明你对此便没有足够的认知，那么，你又哪里来的自信呢？请保持一定的敬畏感吧！

其次，连叔认为肩吾看待问题标准过于单一，不够开放。

肩吾认为接舆的说法"不近人情"，故而不信。其实，肩吾所谓的"人情"，不就是自己私人的标准吗？哪里能够代表所有人呢？连叔一针见血地告诉肩吾：藐姑射山上的神人心中所念的是"旁礴万物"，并不在乎治理乱世，连尧舜都不看在眼里。这样的想法与肩吾等人的想法当然大相径庭，可是，它又是确确实实存在的，至少，面前的连叔便坚定地持此见解，怎么能说这种说法"不近人情"呢？

世人都知晓"小知不及大知"的道理，然而，一旦到了认知的关头，又有谁能真正勘破这个义理呢？肩吾在此有两种代表性的心魔：其一，所谓"狂"，即超出自己的知识范围；其二，所谓"不近人情"，即不符合自己的标准。

对于未知的事物，如果它"狂""不近人情"，便一定不存在吗？当然不是。个人的智慧就算再广阔，与宇宙相比，又该是多么渺小呢？一切应当保持敬畏才是。

最后，连叔又讲了一个小故事：宋人自以为很好的礼帽，拿到越国，不承想越人却以断发文身为美，礼帽便一顶也卖不出去。不同之时，不同之地，标准大不相同，怎能用自己的标准来判定一切呢？肩吾武断地评价藐姑射之山，不正如同宋人想象越国一样无知吗？

接着，连叔又故意说：曾有一次，尧将天下治理得很好，跑到了传说中的藐姑射之山，见到了四位神人，便怅然若失，忘记自己的天下了。——连叔以叙述事实的方式来讲述此事，正与接舆之说相呼应，这个极为巧妙的回应方式，其目的是反问肩吾：

第一，不仅接舆声称藐姑射之山是真的，现在连叔也这样讲了，那么，它究竟是否可信呢？

第二，如果肩吾因此便认为藐姑射之山是真的，那么，难道说的人多了，一件事情就可以使人不再怀疑了吗？

第三，如果肩吾依然认为藐姑射之山是假的，并不相信连叔，那么，肩吾来询问连叔的目的是什么呢？这是求知的态度吗？

第四，如果问到了所谓的答案，却没有能力判断，这样的问询有意义吗？……

连叔的回应很妙，它使肩吾堕入到一个荒谬的状况之中，无论肩吾怎样选择，后面都会有更多的难题等着他。这一切似乎是无解的，但实际上，其源头在于肩吾最初的断言的荒谬，若是对于未知之事能够保持敬畏，亦不陷入争辩，后面这些毫无意义的问题也就不复存在了。

如此妙趣的回应方式出自连叔之口，不过也是为庄子代言罢了。更加有意思的是，接舆和尧都是历史上真实记载的人，反而肩吾才是传说中真伪难辨的神仙。一个不真实的人（肩吾）反而来质疑真实的人（接舆）的说法，那么，对于读者而言，这个事情可听还是不可听呢？其中的道理可信还是不可信呢？这又是庄子故意设下的一个迷局，又是一重有趣的思辨。

惠子谓庄子曰：「魏王贻我大瓠之种，我树之成，而实五石。以盛水浆，其坚不能自举也；剖之以为瓢，则瓠落无所容。非不呺然大也，吾为其无用而掊之。」庄子曰：「夫子固拙于用大矣。宋人有善为不龟手之药者，世世以洴澼絖为事。客闻之，请买其方百金。聚族而谋曰：『我世世为洴澼絖，不过数金；今一朝而鬻技百金，请与之。』客得之，以说吴王。越有难，吴王使之将。冬，与越人水战，大败越人，裂地而封之。能不龟手一也，或以封，或不免于洴澼絖，则所用之异也。今子有五石之瓠，何不虑以为大樽，而浮乎江湖，而忧其瓠落无所容？则夫子犹有蓬之心也夫！」

不龟手之药有用还是无用

<u>逍遥游寓言之三</u>
若有大知，便成大用

惠子故意用一个问题来难为庄子：有一个特别大的葫芦，能够怎么用呢？在此，他还特意加上了两个限定条件：其一，葫芦不够结实，若是装水就会被压裂；其二，若是剖成瓢则太大了，没有容纳的地方。

从这两个条件可以看出，这是惠子特意设置的难题之局。葫芦的通常用途无非就是两个，装水或者剖瓢，而惠子特意把这两个选项全部封死，既不能装水，又不能做瓢，还有什么用途呢？难道庄子竟会硬生生变出来一个吗？

面对惠子这两个奇怪的限定，庄子一眼看破，并且用一句话便占据了上风："夫子固拙于用大矣！"其实就是在批评惠子说：小知不及大知，你没有我这样的大知，何敢前来挑战！

其实此时庄子心中已有答案，但若是直截了当地给出，则不过一两句话而已，气势上显得不够充足，于是他便先讲了一个有趣的故事：宋人有不龟手之药，却没有"大知"，只能用于漂洗丝絮；某位客人却很识货，将之献给吴王，用于保卫国家的战争，以此获得封地。这位客人显然比宋人要高明多了，而且，宋人世世代代聚族而谋，其价值才值数金，连客人随手甩来的百金都远远难比。如此，小知与大知，宋人与客人，惠子与庄子，究竟谁更高明，还用说吗？

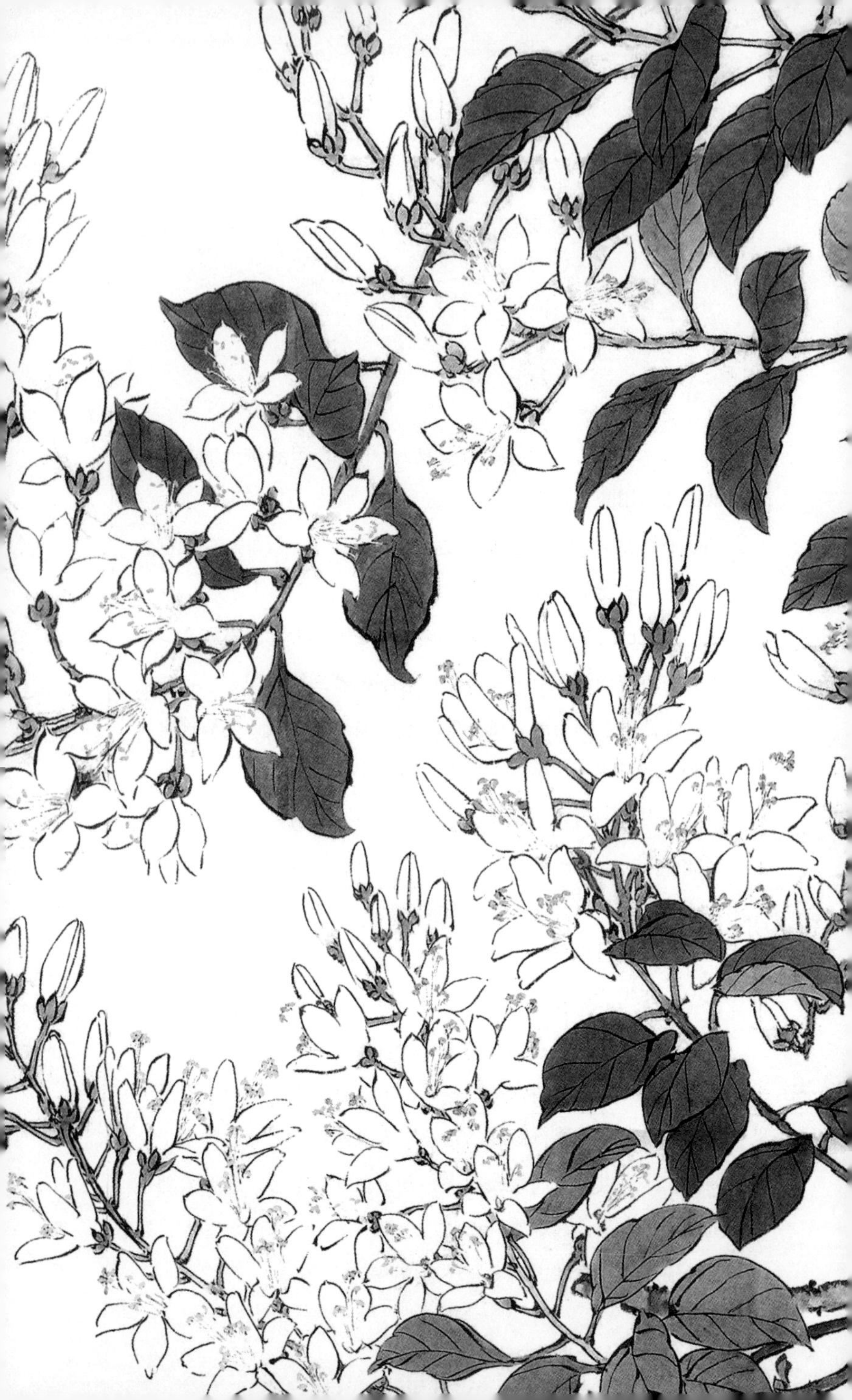

做足气势之后，庄子也给出了他的答案：何不系于腰身，借助于它的浮力而遍游江湖呢？如此一来，这便不再是个通常的葫芦，只能用于盛水、盛物，而是成了世所罕见的宝物了！

这真是一个具有大智慧的回答！老子也曾经说过："埏埴以为器，当其无，有器之用。凿户牖以为室，当其无，有室之用。故有之以为利，无之以为用。"既然不许用这个葫芦盛水、盛物，那么干脆发挥其更"无"之用。看问题换一个角度，提升一个层次，果然就能变废为宝。

至此，庄子大获全胜，便趁势给出最后一击，直接面斥惠子，称他的心被茅草堵塞了。其实，堵塞惠子之心的哪里是蓬草？明明是缺乏敬畏与故步自封使然。

这一段，庄子先是进行"固拙于用大"的嘲笑，再是"聚族而谋"而不成的讽刺，又是"有蓬之心"的直斥，对惠子酣畅淋漓的三连击，正向我们展示了"小知不及大知"的道理，他就像飞在九万里高空的逍遥的大鹏，充分地展示了"大知"的愉悦和畅快！

惠子谓庄子曰："吾有大树，人谓之樗。其大本拥肿而不中绳墨，其小枝卷曲而不中规矩。立之涂，匠者不顾。今子之言，大而无用，众所同去也。"

庄子曰："子独不见狸狌乎？卑身而伏，以候敖者，东西跳梁，不辟高下，中于机辟，死于罔罟。今夫斄牛，其大若垂天之云。此能为大矣，而不能执鼠。今子有大树，患其无用，何不树之于无何有之乡，广莫之野，彷徨乎无为其侧，逍遥乎寝卧其下。不夭斤斧，物无害者，无所可用，安所困苦哉！"

无何有之乡即是我心

逍遥游寓言之四
若知天道，便是逍遥

惠子在第一个问题上完败，很不服气，计上心来，又有了第二个问题：大而无用的树，其意义在哪里呢？

和上一个问题很相似，惠子也是一上来就进行了各种限定，勾画出一棵既不中绳墨又不中规矩的树。大概是惠子认为在上一个题目中还是给庄子钻了空子，故而在这个题目中，特意地堵上所有的可能，直接定义这棵树"大而无用"，以至"众所同去"，无人认为它有用。

即便如此，庄子也依然对答如流，而且也先讲了一个小故事：小兽善于捕鼠，却也容易因此而死；牦牛不会捕鼠，却不屑于此。

这个故事暗讽了惠子思维的局限：某些具体的技能，比如捕鼠，必然有其局限所在，怎能成为评价一切的标准呢？

如此一来，惠子布下的困局便又被庄子破解了：工匠们所谓"无用"的评价，就如同捕鼠的技能一样，怎能成为评价一切的标准呢？工匠们的"无用"，也正是生命的"有用"，且让它自由地成长，不必担心斧头的加害，该有多么好呢！

虽然惠子两次出的题目很类似，但这一次庄子的回答却完全不同：庄子从全新的角度阐述了小大之辩的方法论，所谓"用"也可以辩证地转化。

如果说，在第一个问题上，惠子是为了较量智慧，那么，在第二个问题上，惠子便纯粹是为了驳倒而辩论了。对此，庄子则给出了十分漂亮的回应：纠结于争辩是毫无意义的，不如追逐智慧的增长，了解并顺应天道，才是真谛。

在这一节，庄子一改之前咄咄逼人的口吻，而是干脆利落地进行解答。——既然棒喝也无法使对方醒悟，又何必再纠缠呢？不如将大智慧直接展示出来吧！然后便抽身而去，不必在此多做停留。

本篇名为《逍遥游》，前半段在展示不同的角度看待逍遥的视角，以此立言，后半段共有四个寓言，前两个寓言用来打破执念，后两个寓言展示逍遥之境。怎样才能展示逍遥呢？最妙的当然是立言者庄子亲力亲为——只有大鹏飞到了南冥，才会得到《齐谐》的认可，人间之事不都是如此吗？

故此，庄子在上一个故事中展示了智慧的表象，在这个故事中又展示了智慧的境界。大知便是逍遥，大知便是天道。若是能像庄子这棵大树一样,将自己树立在"无何有之乡""广莫之野",人世间的种种纠缠又怎能使其困苦呢?何愁不逍遥呢?

所谓"无何有之乡",并非处所,而是心境。世间既有至人,也有神人和圣人,只要"定乎内外之分",便可以"至人无己,神人无功,圣人无名",便可以不断地达到更高的境界。同在一个俗世之中,惠子视庄子为辩论的敌手,木匠们看他是无用的大树,其实他是无何有之乡的无限逍遥。

第二篇

齐物论

世间所有事物分为两种,一种叫作外物,一种叫作内心。

首篇《逍遥游》已经辨明：不断进取、探知内心，才会有无限的逍遥。而具体的方法究竟如何呢？这便是本篇《齐物论》要着重讨论的内容。

庄子一再推崇"至人无己"，这既是一种法门，也是一种理念，其中思想的源头之一是"吾丧我"，也即是今天我们所讲的"丧失自我"，本篇即由此开始阐述。

如何才能做到"至人无己"？其前提便是"定乎内外之分"。比方说，人有"我"才得以逍遥，而哪些是"我"，哪些不是"我"呢？"我"究竟在何处？其实这是极难分辨的，它是人类哲学史上永恒的难题。

世上之事大抵如此：对于某物，我们只能分辨出它不是什么，却很难定义它是什么。"我"也概莫能外。那么，既然无法定义内心，庄子的立言便从外物开始，因为，内心之外皆是外物，凡是外物者，便不是内心，这便是"齐物论"的意义。

所谓"齐物论",是"齐物而论"之意,将所有外物概而论之,不属于外物之物,便是内心。这不正是"定乎内外之分"最有效的方法吗?

许多人将"齐物论"理解为"物齐"之论,即天下之物,并无大小高低之分别,大者亦小,小者亦大。这个解读虽然也符合庄学的内涵,然而却不免片面,难以概括本篇的真意。须知,本篇立言,核心不是"齐",而是"物",论物以明心。

本篇先统一认识,分辨"吾"与"我"的不同,也即是"物"与"心"的不同,最后得到"物化""以明"的结论。

"非心"之"物"可以分辨,"心"却无法定义;"非我"之"吾"可以分辨,"我"却无法定义。故此,本篇主要内容分为两类:其一,分辨"物"之所在,给出戒律,助人敬而远之;其二,提供体悟"我"的法则,使人上下求索。立言之后的寓言部分,亦是戒律与法则并立。

吾丧我

认识之一
"吾"与"我"的不同

"吾"和"我"这两个字经常通用，根本的含义其实不同：吾，是名称，是指代；我，是实体，是自我。

换言之，"吾"是肉体的自称，"我"是生命的自我。

名称与实体是否相当，是否相符？这便是"名实之论"，正是战国诸子热衷讨论的话题。此处，南郭子綦"吾丧我"，名称仍在，实体却丢失了，肉体虽在，灵魂却丢失了。"吾丧我"，其含义略同于今天的"我丧失自我"，是个热议不衰的哲学命题。

南郭子綦之"丧我"

南郭子綦隐机而坐，仰天而嘘，荅焉似丧其耦。颜成子游立侍乎前，曰："何居乎？形固可使如槁木，而心固可使如死灰乎？今之隐机者，非昔之隐机者也。"
子綦曰："偃，不亦善乎，而问之也！今者吾丧我，汝知之乎？女闻人籁，而未闻地籁；女闻地籁，而未闻天籁夫！"

不可谓不彻底：他"仰天而嘘，苔焉似丧其耦"。耦者，匹配也，吾与我，指代与实体，形体与元神，原本是匹配的，而现在吾仍在，我已失，只剩下一副空躯壳，自然就"苔焉"无神了。

而耐人寻味的是：按照南郭子綦的暗示，他"丧我"的根源，竟是由于他参悟了天籁！从后文我们知晓，所谓天籁，便是天道的一种呈现，将它领悟通透了、参破了，却会导致"丧我"，难怪南郭子綦对着"天"而长嘘呢！

天籁和丧我为什么是这样的关系？它们和本篇的主题"齐物"又分别有什么联系？《齐物论》全篇所讨论的便是这三者之间稍显复杂的关联，本章也在这样一个充满悬念的讨论中缓缓地展开。

子游注意到了子綦的丧我，并加以问询，子綦的评价是："不亦善乎，而问之也！"这种暗示化的论述风格，也正是庄子所常用的。那意思其实是对读者说：能注意到丧我并加以讨论，这是很好的，不知有多少人依然懵懵懂懂，未曾注意过呢！

子游曰："敢问其方。"

子綦曰："夫大块噫气，其名为风。是唯无作，作则万窍怒呺。而独不闻之翏翏乎？山林之畏佳，大木百围之窍穴，似鼻，似口，似耳，似枅，似圈，似臼，似洼者，似污者；激者，謞者，叱者，吸者，叫者，譹者，宎者，咬者，前者唱于，而随者唱喁。泠风则小和，飘风则大和，厉风济，则众窍为虚。而独不见之调调、之刁刁乎？"

子游曰："地籁则众窍是已，人籁则比竹是已。敢问天籁。"

子綦曰："夫吹万不同，而使其自已也，咸其自取，怒者其谁邪？"

人籁、地籁、天籁

认识之二
天籁是天道的呈现

孔窍之音，便是籁。孔窍是自然之灵，人因七窍而生，有呼吸之气，口鼻发音，便是人籁；山林大木因孔窍而生动，有风，为大地之呼吸，洞穴坑池如大地之口鼻发音，便是地籁。这个类比甚为明晰，故而子游听了南郭子綦大段的描述之后，只用一句话就轻巧地概括了："地籁则众窍是已，人籁则比竹是已。"

不过，南郭子綦在此处却用了较为复杂的排比来细述此事，其中内藏深意：

其一，孔窍，喻指天性，是情感的形态。枅有枅的发声，圈有圈的发声，互不混淆；有时像号哭，有时像哀怨，各不相同。换言之，一个人的天性确定了，情感也就随之确定了，譬如，有易怒之天性、孔窍，便会有怒之情感、发声，以此类推。

其二，风，喻指心力，是情感的本原。风不发则已（"是唯无作"），一发则"万窍怒呺"；风一旦停歇，则众窍为虚，再没有任何的声音。

人籁、地籁，是生灵表达生命的全部，由心力（风）来发动，由天性（孔窍）来呈现。然而，风是从哪里来？如果说不同的孔窍造就了不同的形态，若是没有风，又哪里有形态的呈现呢？众生又哪里有什么不同呢？又哪里有什么自我呢？既

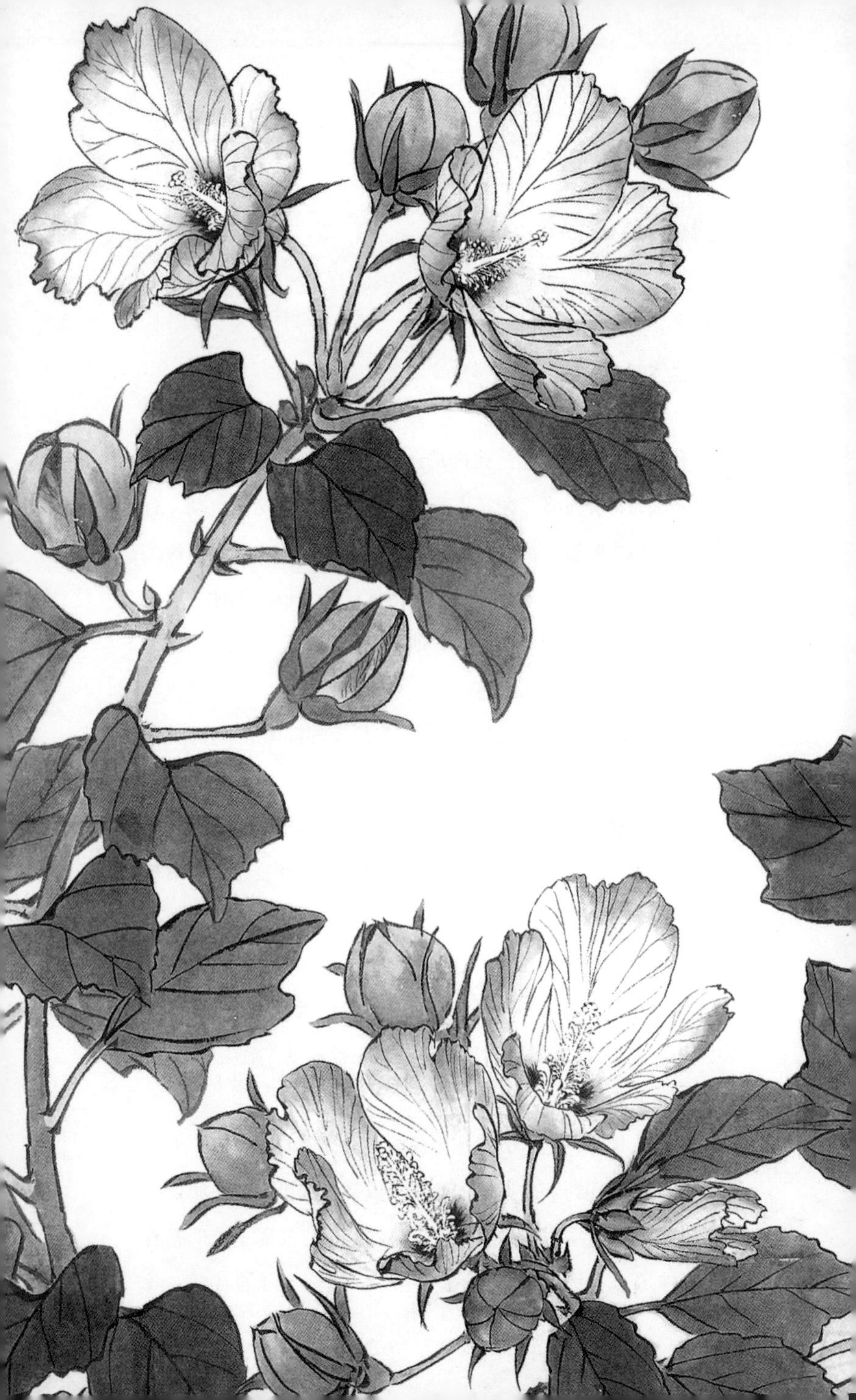

然风造就了各种生灵各种形态的呈现，它如此伟大，这不就是天籁吗？

在传统文化里，经常有天、地、人并立的说法（比如天时、地利、人和三要素），而在此处，天籁却与地籁、人籁有所不同：万物之声，称为人籁、地籁，而使万物发声的本原，称为天籁。所谓天籁，是天道不可抗拒的呈现。

可以这样理解：音乐是人类的作品，风声是自然的作品，而人类与自然却都是上天的作品；音乐和风声是人籁和地籁，人类与自然的呈现，便是天籁。人类与自然为何而有？如何而有？凡此种种，就是天道。

简言之：孔窍是"吾"，风来自"天"，有此二者，便有了"天籁"。——那么，"我"在哪儿呢？

人从哪里来呢？又往何处去呢？为何会诞生呢？为何会消失呢？生死存亡，无法自控，是谁在安排这一切呢？为什么要服从这样的安排？是"我"在服从，还是"吾"在服从？如果是"我"在服从，那么"我"和"吾"不就一样了吗？又哪里有"我"呢？如果是"吾"服从而"我"不服从，那么"我"到底在哪里呢？为什么找不见呢？这不就是"丧我"吗？

乐出虚，蒸成菌

认识之三
天籁使人丧我

"吹"的方法不同，"吾"便发出不同的声音，便是所谓"天籁"，具体表现为"知""言"和"恐"。无论大知、小知、大言、小言、大恐、小恐，其中哪里有"我"的存在呢？这便是"丧我"。

世人都有大知、小知，又会因此而发表大言、小言，不断地与这个世界进行争锋，日夜不休，便逐渐化为心中的惊恐，小恐又会渐渐地化为大恐。智慧是人类永恒的追求，却为什么会给自己带来惊恐呢？无非是两个缘故：是非之心和争胜之心。

在此二心之中，人的

大知闲闲，小知间间；大言炎炎，小言詹詹。其寐也魂交，其觉也形开，与接为构，日以心斗。缦者，窖者，密者。小恐惴惴，大恐缦缦。其发若机栝，其司是非之谓也；其留如诅盟，其守胜之谓也；其杀如秋冬，以言其日消也；其溺之所为之，不可使复之也；其厌也如缄，以言其老洫也；近死之心，莫使复阳也。喜怒哀乐，虑叹变慹，姚佚启态。乐出虚，蒸成菌。日夜相代乎前，而莫知其所萌。已乎，已乎，旦暮得此，其所由以生乎！

精神不断消磨，如同遭受秋冬的摧残，一去不复；此身也渐渐衰老，走向死亡，无法重生。这些变化多端的喜怒哀乐、形态万千的叹息忧虑，难道会带来什么进益吗？其实不过是种种消磨罢了！概而言之，便是：乐出虚，蒸成菌。

何为虚？前文中写："厉风济，则众窍为虚。"丧失了"我"的"吾"，就是虚。世间种种争鸣辩论、抢占上风，众人皆以为是生命之乐，其实哪里是生命呢？只有所谓的胜负，没有"我"的存在，仍然还是"吾"的虚窍罢了。

何为菌？《逍遥游》中写："朝菌不知晦朔，蟪蛄不知春秋。"菌很容易生长，一夜之间便可生成，然而它很快又枯死，无法知晓世事种种变迁。世间种种讲谈不也正是如此吗？夸夸其谈，故作高深，自以为是云蒸霞蔚的气象，其实不过是天地间微不足道而又毫无正见的朝菌罢了。

如果一个人日日夜夜全被这些虚、菌所占据，不知其来由，懵懵懂懂地任其消耗，试问，"我"在哪儿呢？这哪里是真正的生命呢？

在"知""言""恐"的诸般消磨之下，世人便沉溺于"吾丧我"之中了，只有"吾"，没有"我"，愈是如此，愈不能自知。故此，庄子在此颇为罕见地发出了警醒世人的呼喊："已乎，已乎，旦暮得此，其所由以生乎！"

> 非彼无我，非我无所取。
> 是亦近矣，而不知其所为使。
> 若有真宰，而特不得其眹。
> 可行己信，而不见其形，
> 有情而无形。
> 百骸，九窍，六藏，赅而存焉，
> 吾谁与为亲？汝皆说之乎？
> 其有私焉？
> 如是皆有为臣妾乎？其臣妾
> 不足以相治乎？
> 其递相为君臣乎？
> 其有真君存焉？
> 如求得其情与不得，
> 无益损乎其真。

非彼无我，非我无所取

认识之四
天道之中有我

如果"知""言""恐"只是天籁，不是"我"，那么，"我"在何处呢？"我"难道不存在吗？当然不是！理由有二：

其一，没有"知""言""恐"，就没有"我"，而若是没有"我"，"知""言""恐"又如何呈现呢？既然"非彼无我，非我无所取"，那么，"我"就在此存在。

其二，虽然"知""言""恐"并不是"我"，但是它们构成了我，正如"百骸，九窍，六藏"一样，哪个与"我"相亲呢？驱使它们的真君是谁呢？即使无法理解，也不能否定它的真实，那么，"我"就在此存在。

"百骸，九窍，六藏"这些有形的器官，是对"知""言""恐"等无形的情绪的推演和参比，其道理是一样的——驱使它们的真君，就是"我"。

总之，"我"是存在的，虽然它没有形体可以看见（"而不见其形"），但可以行使意志（"可行己信"），也可以感知（"有情而无形"）。

> 一受其成形,
> 不亡以待尽。
> 与物相刃相靡,
> 其行尽如驰,
> 而莫之能止,
> 不亦悲乎!
> 终身役役而不见其成功,
> 苶然疲役而不知其所归,
> 可不哀邪!
> 人谓之不死,奚益!
> 其形化,
> 其心与之然,
> 可不谓大哀乎?

一受其成形，不亡以待尽

认识之五
生命短暂，要寻找自我

人有自我，因自我而存在，然而，却又在天籁中丧我，那么，寻找自我不就应当是最重要的事情吗？

自我是存在的，却又无形可寻，只能在模糊中慢慢感知，然而，生命却又如此短暂！

"一受其成形，不亡以待尽。"这十个字是庄子思想的重要发源之一。正因为时刻有如此"大哀"的想法，庄子才会觉得时间紧迫（"行尽如驰"），进而无比重视内心，进而视一切外物为无关紧要的存在，进而极其反对将生命浪费在与外物的纠缠上。生命"行尽如驰"，有些人却"与物相刃相靡"，这不是极大的悲哀吗？

本篇名为《齐物论》，至此，庄子才揭示其本意——与内心"相刃相靡"者，都是外物。换言之，内心以外，都是外物。有形者如"百骸，九窍，六藏"，无形者如"知""言""恐"，哪个更重要呢？哪个更亲近呢？其实一切本无差别，全凭内心为准。内心若行驰殆尽，一切又有何意义？自我若在物中迷失，一切又有何意义？

人亦有不芒者乎？

认识之六
虽然迷茫，也要前行

人这一生，又要寻找自我，又天生丧我，又时不我待，又总有外物之干扰，怎么会不感到茫然呢？哪里会有不迷茫的人呢？然而，愈是如此，愈不能因此而犯下两个错误：其一，以定见来判断事物；其二，心中未有定见，只是为了争辩而争辩。

所谓定见，就是已经存在的认识，庄子称之为"成心"。每个人的定见都有其局限之处，若是拿此来衡量一切，方便倒是方便，却岂不是会错误百出？这是愚蠢之人的偷懒办法。

还有些时候，人们对于事物尚还没有定见，却偏偏热衷于进行辩论，仅仅是为了争胜而已。这样的辩论，又有什么意义可言呢？譬如"今日适越而昔至"这

> 人之生也，固若是芒乎？其我独芒，而人亦有不芒者乎？夫随其成心而师之，谁独且无师乎？奚必知代而心自取者有之，愚者与有焉。未成乎心而有是非，是今日适越而昔至也。是以无有为有。无有为有，虽有神禹且不能知，吾独且奈何哉！

个命题，就是热衷于辩论的惠子所设立的，他的目的不过是以命题的矛盾性来引人争辩，再强词夺理地说退对方。名家的种种命题大多如此。庄子在《天下》篇中评论道："能胜人之口，不能服人之心，辩者之囿也。"

内心虽然独立于外物，外物却也是内心寻找自我、参悟天道的重要对象，对其持有的态度，将直接影响内心的成长。成见和争执，正是最常见的两种错误，故此，不得不辨。

人生之路，应当积极地开创、探索，并形成认识和定见，然而，无论大知、小知，都有局限，心中的定见也应当不断地形成、打破、升级。愚人会陷于成见，阻碍求知的脚步，名家会舍弃定见，追逐无意义的争执。

接下来，庄子便要打破这样的执念。

夫言非吹也，言者有言，其所言者特未定也。果有言邪？其未尝有言邪？其以为异于鷇音，亦有辩乎，其无辩乎？
道恶乎隐而有真伪？言恶乎隐而有是非？道恶乎往而不存？言恶乎存而不可？道隐于小成，言隐于荣华。故有儒墨之是非，以是其所非而非其所是。欲是其所非而非其所是，则莫若以明。

道隐于小成,言隐于荣华

"以明"戒律之一
不可陷于争执

讨论至此,重重迷雾已经层层拨开:寻找自我才是人生中最重要的事情。只是,具体应当如何去做呢?庄子给出的答案是"以明",即以明辨之心待之。首要第一条,便是不可陷于争执。

世人喜好发表言论,然而,所有的言论都有真正的内涵吗?有些言论其实毫无内容,仅仅只是发出声音而已,和鷇音没什么不同。既然如此,又何必要发表它们呢?

虽然"知""言""恐"都会使人丧失自我,然而,其中"言"是最为关键的机枢。庄子在前文中特意警告:陷于辩言使人真神消磨("以言其日消"),使人老朽不堪("以言其老洫")。"言"之于"丧我",最为重要!

地籁以"吹"而出声,天籁以"言"使人出声,二者之不同在于:"吹"会发出特定的声音,"言"则未必。换言之,"言"所发声会有差别,有些言论是空洞的,有些言论是毫无实质的。既然如此,为何要发出这样的言论并深陷其中呢?

再者,天道不会因争执而有增减,自我亦不会因辩论而有真假;正相反,小小的自满会蒙蔽真正的天道,华丽的辩论会隐瞒正确的定见。所以,怎能任凭这样的言论来销蚀人的自我呢?

在此,庄子第一次对儒学和墨学进行了评价,认为它们的不足之处便是过度地陷于争执与是非之中。

> 物无非彼,物无非是。
> 自彼则不见,自知则知之。
> 故曰彼出于是,是亦因彼。
> 彼是方生之说也。
> 虽然,方生方死,方死方生;
> 方可方不可,方不可方可;
> 因是因非,因非因是。
> 是以圣人不由而照之于天,亦因是也。
> 是亦彼也,彼亦是也。
> 彼亦一是非,此亦一是非。
> 果且有彼是乎哉?
> 果且无彼是乎哉?
> 彼是莫得其偶,谓之道枢。
> 枢始得其环中,以应无穷。
> 是亦一无穷,非亦一无穷也。
> 故曰莫若以明。

物无非彼，物无非是

"以明"戒律之二
不可陷于外物之是非

外物无非都是与内心相对应的，所以是"彼"，外物无非都有其本性，便称为"是"。既然是"彼"之外物，它的是非与"此"之内心又有何干呢？何必要陷入其中呢？

然而，两者亦不是完全不相干，详究外物之"是"，亦是参悟本心的重要途径。

物之"彼"与我无关，物之"是"与我有关，物之"彼"与我相远，物之"是"与我相近，这就是所谓"彼是方生"了。于是，参究外物，用以通彻本心，并不沉溺其中，只是以天道相观照，保持这种若即若离的关系，即是内心与外物的最佳相处之道，便是所谓"圣人不由而照之于天"。

所谓若即若离，听起来似乎容易，可是如何才能够做到呢？内心和外物哪里有那么明确的界限呢？"彼"与"此"哪里那么容易划分呢？"百骸，九窍，六藏"，有形之物一般都是外物，而"知""言""恐"这些无形之物又如何区分呢？其实，物之"彼"，物之"是"，心之"此"，心之"是"，总在不停地互相映照、转化，一切都按照天道的枢纽来调节，变化无穷。

所以说，不可陷落于外物的是非之中，那只是丧我的表现；以明辨之心待之，才是至理。

天地一指，万物一马

"以明"戒律之三
不可陷于思辨之名

任何之物都有其"名"与"实"，然而细究起来，却都是"名不副实"的。这就是名家发起的名实之辩，也即是指非指、马非马，"指""马"即其名，"非指""非马"即其实。

这种逻辑思辨，原本具有很强的现实意义：

我们将眼前之物称为"马"，然而，它的个体属性，即"非马"的部分，是不是就被忽略了呢？正如我们称庄子为"哲人"，那么，他"非哲人"的部分，不就被忽略了吗？"哲人"这个"名"能够代表庄子之"实"吗？显然不能。那么，"庄子"这个"名"能够代表庄子之"实"吗？其实也不能。任何事物尽皆如此，这就是所谓"名不副实"，也就是说，"指"不副"非指"，"马"不副"非马"。

凡此种种，思辨至深处，必会使

> 以指喻指之非指，不若以非指喻指之非指也；以马喻马之非马，不若以非马喻马之非马也。
> 天地一指也，万物一马也。

人有所参悟。然而，以公孙龙、惠施等为代表的名家却只是热衷于思辨本身，并不考虑思辨的结果，以至凭空造出一堆"白马非马""白狗黑"之类毫无意义的诡辩命题。换言之，名家陷于思辨之"名"，却无意于思辨之"实"。

能够明晓"马之非马"的道理，当然是好事，可以使人不陷于马之"名"，而能明辨马之"实"，然而，名家却又陷于"马之非马"之"名"之中，岂非大谬？我们所不断要追求的，不应当是"马之非马"之"实"吗？故而，庄子说："以马喻马之非马，不若以非马喻马之非马也。"换言之，对于"马之非马"，应当"辨"之，而不是"辩"之。

对于名家的逻辑思辨，庄子很推崇其手段和方法，自己也常常应用，所以在《庄子》中多有看到；而名家往往陷于逻辑思辨的表面，不再深入，这是很令人惋惜的，庄子对于此则常有批判。

可乎可,不可乎不可。道行之而成,物谓之而然。【有自也而可,有自也而不可;有自也而然,有自也而不然。】恶乎然?然于然。恶乎不然?不然于不然。物固有所然,物固有所可。无物不然,无物不可。故为是举莛与楹,厉与西施,恢恑憰怪,道通为一。其分也,成也;其成也,毁也。凡物无成与毁,复通为一。唯达者知通为一,为是不用而寓诸庸。庸也者,用也;用也者,通也;通也者,得也;适得而几矣。因是已。已而不知其然,谓之道。劳神明为一,而不知其同也,谓之『朝三』。何谓『朝三』?狙公赋芧,曰:『朝三而暮四。』众狙皆怒。曰:『然则朝四而暮三。』众狙皆悦。名实未亏,而喜怒为用,亦因是也。是以圣人和之以是非,而休乎天钧,是之谓两行。

"用"和"庸"的区别

"以明"法则之一
庸而不用

天道要不断地践行，才可以慢慢有所成就，外物要不断地参究，才可以渐渐加以了解，所谓"道行之而成，物谓之而然"的道理，谁都明白。然而，践行有对有错，参究有真有假，外物总在变化，定见不断打破，如何能够更好地践行和参究呢？庄子提出："知通为一，为是不用而寓诸庸。"并且特别说明，这是"达者"所采用的方法。

自己施行某事，是"用"，而使别人施行某事，是"庸"。"用"则耗费真神，"庸"则毫无磨损，既然如此，可"庸"之时，何必要"用"呢？

世间之外物，纷纷扰扰，扑朔迷离，身在此中，保持真神，就是"不用"；参研外物，观摩他人之"用"，总结得失，便是"寓诸庸"。这是"知通为一"的"达者"的智慧和手段，也是庄子"无为"思想的来源之一。

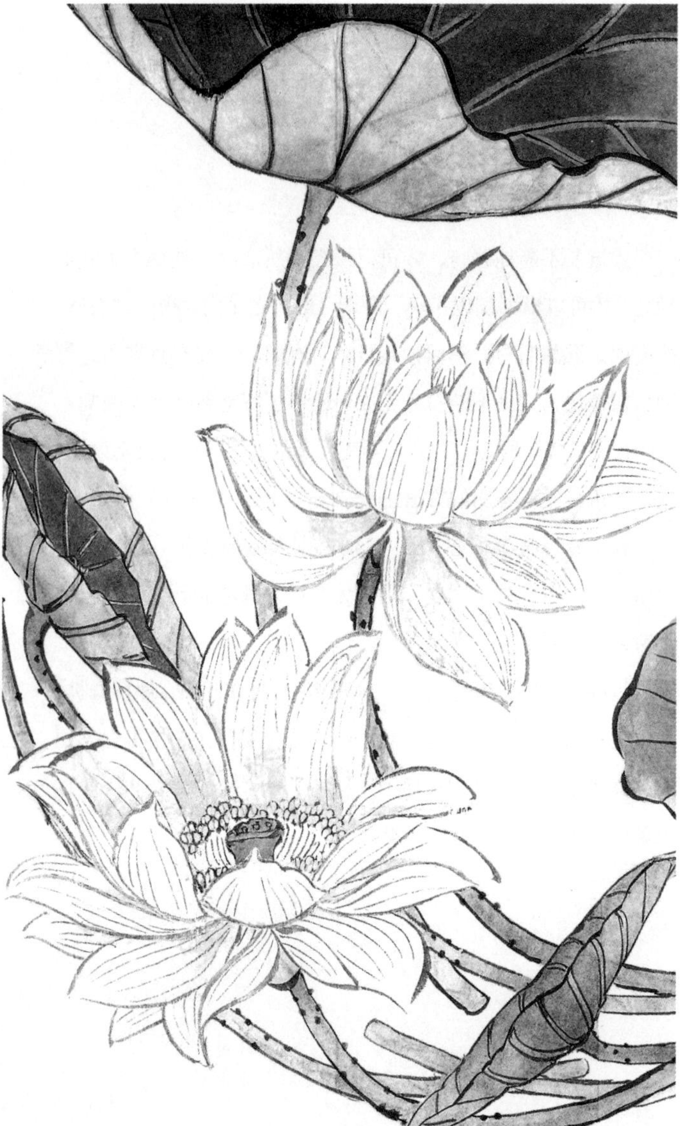

朝三暮四，和之以是非

"以明"法则之二
两行其道

时至今日，朝三暮四的含义已经接近于欺骗、反复无常了。做此理解之人，显然是把自己主动放到第三者的视角之上，心中倾向于众狙，便有点物伤其类的感慨，而实际上，庄子的本意真是如此吗？并不是，应当以狙公的视角来看这个问题才对。

狙公赋芧，无论朝三暮四还是朝四暮三，对他自己而言，可有什么分别吗？没有。所以说他"名实未亏"，名亦未亏，实亦未亏。

众狙以朝三暮四而怒，以朝四暮三而喜，可有什么原因吗？必然有。这其中的原因，无论是对是错，是智慧是愚蠢，与狙公可有关系吗？没有，既没有进益，也没有亏损，只是施行了狙公不同之"用"而已。所以说他"喜怒为用"。

众狙喜也好，怒也罢，总与狙公之参悟无关，故此，狙公何必要在此耗费真神呢？不如选择最优之解，不生是非，自己仍旧去参研天道。

狙公是众狙的外物，众狙亦是狙公的外物，既然各为外物，各有参悟，何必要混为一谈呢？何不各行其道呢？这便是"两行"的道理。

道之所以亏，爱之所以成

"以明"戒律之四
不可陷于成就

人们往往会因为某些成就而沾沾自喜，甚至止步不前。譬如：昭文的鼓琴，师旷的击乐，惠施的倚梧辩论。这些技艺都给他们带来了相当的成就，甚至载入史册，然而，这些成就可有助于他们在"自我"和天道上的探索吗？正相反，惠施看似明道，其实完全蒙昧不清，一生都陷入"坚白"之论这样的名家诡辩之中，不可自拔；昭文之子又继承了昭文鼓琴的事业，最终一事无成，若是昭文真的有所参悟，又怎么会有这样的事情发生呢？

古之人，其知有所至矣。恶乎至？有以为未始有物者，至矣，尽矣，不可以加矣。其次以为有物矣，而未始有封也。其次以为有封焉，而未始有是非也。是非之彰也，道之所以亏也。道之所以亏，爱之所以成。果且有成与亏乎哉？果且无成与亏乎哉？有成与亏，故昭氏之鼓琴也；无成与亏，故昭氏之不鼓琴也。昭文之鼓琴也，师旷之枝策也，惠子之据梧也，三子之知几乎，皆其盛者也，故载之末年。唯其好之也，以异于彼，其好之也，欲以明之。彼非所明而明之，故以坚白之昧终。而其子又以文之纶终，终身无成。若是而可谓成乎？虽我亦成也。若是而不可谓成乎？物与我无成也。是故滑疑之耀，圣人之所图也。为是不用而寓诸庸，此之谓以明。

所以说，"道之所以亏，爱之所以成"，当一个人对外物有所偏爱，更是陷入其成就的光环之中，内心之道必然因此而亏损。

名家惠施特别擅长辩论，他常常倚着梧树，举手投足之间就将别人的言辞击退，这样的风采使人折服，也使他自己为之得意。然而，他完全陷入这样的成就之中，为了辩论而辩论，在内心的探索上止步不前，使名实之论这样的利器彻底沦落为诡辩的工具，这不是很可悲的吗？庄子作为他的好友，多次提及此事，每每叹息不已！在这一段中，庄子列举了三个事例，唯有惠子之技，用的是"据梧"而不是辩论，可见，惠施所迷恋的不过是"据梧"的风采罢了，哪里是辩论的内容呢？更不要提辩论之后的天道了。

那么，世间的成就是不可触碰的吗？并不是。万物皆可参破天道，何必要刻意避开呢？圣人也会图谋、追逐那些迷惑人心的荣耀（"滑疑之耀"），只要不将内心深陷其中，只要秉承"不用而寓诸庸"的原则，这就是"以明"。

天地与我并生，万物与我为一

"以明"戒律之五
不可陷于言论

关于"以明"，庄子给出了若干法则和戒律，在此又慎重地给出了最后一条戒律：不可陷于言论。

咦？之前种种的法则与戒律，不正是言论的体现吗？——正因为如此，才不可不谨慎，不可不辨。

人们所追求的是天道，是自我，是"是"，而言论是他者，是外物，是"彼"。无论言论是正确的，与天道同属一类，还是错误的，与天道不同一类，它都是"彼"，是外物，不可以此而影响内心。

那么，言论竟是不可听信的吗？并不是。当言论由

今且有言于此，不知其与是类乎？其与是不类乎？类与不类，相与为类，则与彼无以异矣。虽然，请尝言之。有始也者，有未始有始也者，有未始有夫未始有始也者。有有也者，有无也者，有未始有无也者，有未始有夫未始有无也者。俄而有无矣，而未知有无之果孰有孰无也。今我则已有谓矣，而未知吾所谓之其果有谓乎，其果无谓乎？天下莫大于秋豪之末，而太山为小；莫寿于殇子，而彭祖为夭。天地与我并生，而万物与我为一。既已为一矣，且得有言乎？既已谓之一矣，且得无言乎？一与言为二，二与一为三。自此以往，巧历不能得，而况其凡乎！故自无适有以至于三，而况自有适有乎！无适焉，因是已。

"彼"成为"是",它便成为内心的一部分了,也就无所谓听信不听信了,这就是所谓"彼是相生"。换言之,人们应当以明辨之心来对待世界,听到的言论只是言论,内心所能感知的言论,却已经是内心的一部分。所以说,不可陷入那些听到的言论之中。当然,也包括庄子在此的种种立言。

为了便于阐述,我们不妨将内心所感知的言论称为"真言",反之则称为"假言"。其区别在于:"真言"发自内心,已与内心为一;"假言"发自他者,无论正确还是错误,尚且不与自己的内心为一。

那么,"真言"与内心是不分彼此的,是所谓"万物为一"。若是真神要容纳"假言",则内心为一,"假言"为二,听从于"假言"的内心为三,如此下去,无穷无尽,便堕入到毫无意义的思辨中去了。

所以,一定要以明辨之心来自我参究,自立真言,绝不可陷没于他人的言论之中。

夫道未始有封，言未始有常，为是而有畛也。请言其畛：
有左，有右，
有伦，有义，
有分，有辩，
有竞，有争，
此之谓八德。
六合之外，圣人存而不论；
六合之内，圣人论而不议；
春秋经世先王之志，圣人议而不辩。

道未始有封，言未始有常

<u>"以明"法则之三</u>
<u>六合之外，存而不论</u>

天道是没有界限的，定见也不会长存，然而，人们的智慧还是要随着不断的认识、议论而有所增长。如何才能适当地议论而不陷入其中呢？庄子给出的答案是："六合之外，圣人存而不论；六合之内，圣人论而不议。"对于未知领域之事，只是保持关注，并不议论，既不笃信也不怀疑；对于已知领域之事，只是做出论断，并不与人发生争议。

这个准则可谓是十分客观合理了！孔子亦有言："知之为知之，不知为不知，是知也。"与它颇有相通之处。然而，究竟六合又如何判断呢？怎样知晓自己是"知之"还是"不知"呢？一件自己以为是"知之"的事情，如何判断其真假呢？在此，庄子也给出了具体的方法——八德，即左右、伦义、分辩、竞争。

左右，指此物与"我"的关系；伦义，指此物与世界的关系，承接责任为伦，实施义务为义；分辩，指此物与群体的关系，归类总属为分，个体差别为辩；竞争，指此物与他者的关系，并逐为竞，对抗为争。事物之关系属性尽在于此。

若是了解了某物的八德，则此物必在"我"六合之内，不妨论之；反之，则此物在"我"六合之外，必有不知之处，存而不论即可。

> 故分也者,有不分也;辩也者,有不辩也。
> 曰:何也?圣人怀之,众人辩之以相示也。
> 故曰:辩也者,有不见也。
> 夫大道不称,大辩不言,
> 大仁不仁,大廉不嗛,大勇不忮。
> 道昭而不道,言辩而不及,
> 仁常而不成,廉清而不信,
> 勇忮而不成。
> 五者园而几向方矣。
> 故知止其所不知,至矣。
> 孰知不言之辩,不道之道?
> 若有能知,此之谓天府。
> 注焉而不满,酌焉而不竭,
> 而不知其所由来,此之谓葆光。

葆光

"以明"法则之四
大道不称,大辩不言

庄子对待言论是极其谨慎的,尤其是不必要的争执与无知的立言,而这两项错误又很难避免。在他看来,言论既会耗费心神,又会产生无知。既然如此,何不谨言慎行呢?

所以,庄子虽然以《庄子》立言,却一再提醒人们,要跳出《庄子》之言,不要为它所束缚。

大道不会随着言论而有所增减,人却容易随着言论而迷失自我,故此,不必热衷于议论大道,只须默默参悟便是;言论是不会使智慧增长的,只有参悟的真知才会。真知之积累,如同进入天道的府库,其增长也无尽,其使用也无穷,犹如在黑暗中怀存光芒,这就是所谓"葆光"。

至此,《齐物论》的立言已经完成,下面举出几个事例加以说明,而本篇结尾的"葆光",即是下一篇《养生主》的要旨。

故昔者尧问于舜曰：「我欲伐宗、脍、胥敖，南面而不释然。其故何也？」
舜曰：「夫三子者，犹存乎蓬艾之间。若不释然，何哉？昔者十日并出，万物皆照，而况德之进乎日者乎！」

陷于战争烦恼的尧

齐物论寓言之一
莫陷于外物

宗、脍、胥敖三国，总是让尧苦恼：讨伐呢，还是不讨伐呢？难以释然的他便求救于舜。

舜的解答十分高明！

他根本就没有问询这件事情的来龙去脉，譬如纠结的原因、可能的后果等等，而是直接跳到更高的层次上，向尧进言：

"过去曾经有十个太阳一起出现，万物普照，人之德应该比它更盛。如此一比，何必考虑那三个蓬艾一般的小国呢？"

这段话有两层含义：

其一，十日事大，蓬艾事小，要将心力放在更重要的事情上。

其二，人之德心应当照耀万物，而不是讨伐蓬艾小国。

人的内心如同太阳，"万物皆照"能展示出它的强大；蓬艾小国都是外物，无论讨伐与否，都只会使人内心纠结——这不正是庄子在前文中所论述的"与物相刃相靡"吗？以至"缦者，窖者，密者。小恐惴惴，大恐缦缦"。又是何必呢？

尧想要讨伐三国，必然有他的理由，反之也是同样，故而两难，无法决断。这样的困境，当然可以用智慧来——辨明，只是，为如此之小事，便动用心力，从而阻碍了大道的探求，这岂非正是不智的表现吗？这和昭文、师旷、惠施陷于技能而

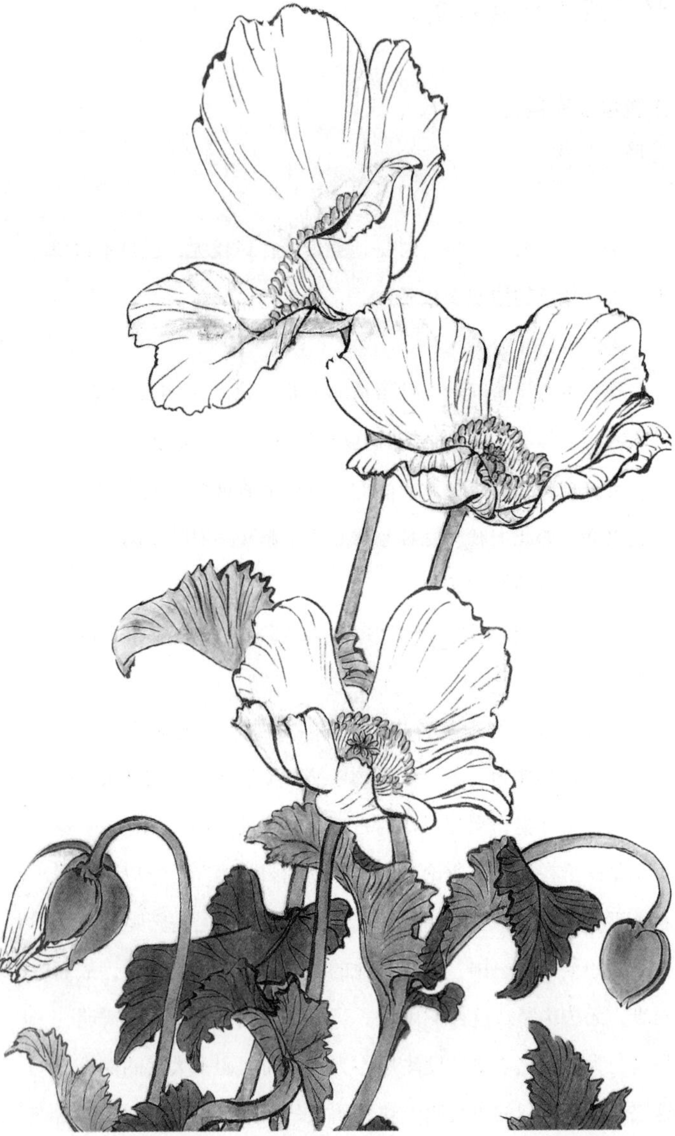

失于大道，在本质上不是一样的吗？而舜却十分高明地跳出了这个命题，直接述说十日之大。大知的智慧一旦呈现，小知的问题也就不存在了。

当十日与蓬艾同时摆在面前，每个人都能够懂得其大小、善恶的分别，然而，当自己身在局中之时，又有多少人沾事则迷呢？在后文《人间世》中记载："昔者尧攻丛枝、胥敖"。可知，尧最后还是实施了攻伐。尧被誉为有道的明君，尚且陷于胥敖三国之事，很难释然，那么，我们每个人纠结于不必要的外物，不也正是如此吗？

现在，让我们回头再看这样一个问题——宗、脍、胥敖三国，被舜称作"存乎蓬艾之间"，而它们真的是小国吗？

其实，尧之时代，诸侯星罗棋布，哪里有什么大国小国之分呢？既然是国，便一定非小，此三国被舜视为蓬艾，并非因为其小，而是因为它是外物，与内心只会有"相刃相靡"，故而以"小"视之。

有多少人能将伐国之战争看得如蓬艾一般轻小呢？那必是明彻了内心与外物之人才能做到。这个故事篇幅很短，其中蕴藏的道理却很深，庄子将它放在此处，作为本篇的第一个寓言，也是在加以警醒：一切外物均微不足道。

啮缺问乎王倪曰："子知物之所同是乎？"曰："吾恶乎知之！""子知子之所不知邪？"曰："吾恶乎知之！""然则物无知邪？"曰："吾恶乎知之！虽然，尝试言之。庸讵知吾所谓知之非不知邪？庸讵知吾所谓不知之非知邪？且吾尝试问乎女：民湿寝则腰疾偏死，鳅然乎哉？木处则惴栗恂惧，猨猴然乎哉？三者孰知正处？民食刍豢，麋鹿食荐，蝍蛆甘带，鸱鸦耆鼠，四者孰知正味？猨猵狙以为雌，麋与鹿交，鳅与鱼游。毛嫱、丽姬，人之所美也；鱼见之深入，鸟见之高飞，麋鹿见之决骤，四者孰知天下之正色哉？自我观之，仁义之端，是非之涂，樊然淆乱，吾恶能知其辩！"

啮缺曰："子不知利害，则至人固不知利害乎？"

王倪曰："至人神矣！大泽焚而不能热，河汉冱而不能寒，疾雷破山、飘风振海而不能惊。若然者，乘云气，骑日月，而游乎四海之外。死生无变于己，而况利害之端乎！"

懵懂无知的啮缺

齐物论寓言之二
莫陷于他人，莫陷于定见

啮缺提问：您知道天下之物的共性吗？王倪回答：我哪里知道呢！

问：您知道为什么您不知道吗？答：我哪里知道呢！

问：天下之物是不可知的吗？答：我哪里知道呢！

王倪是啮缺的老师，是许由的师祖，是尧的太师祖，是很有智慧的人，面对这些很基本的问题，他竟然没有给出一点见解，而且回答得十分干脆而粗暴，这实在很不寻常！

其实，啮缺在第一个问题碰到闭门羹以后，便十分不解而且惊诧了，他继续提问："子知子之所不知邪？"遇到认知的阻碍，便去参悟"不知"的原因，尽量找到"知"的方法，这是很基础的手段和素养；这种方法也常常由老师向学生发起，以进行启迪。而此时，却是反过来由学生以此向老师发问，就颇有些牢骚的意味在其中了。而更加使人惊诧的是，王倪的回答仍然是干脆而粗暴的：不知！

啮缺继续发问：难道一切之物都是不可知的吗？——这实在是一句颠覆性的发问。如果一切皆不可知，那么您的智慧何在呢？我们的师生关系又有何意义呢？

王倪仍然回答：不知！不过紧接着，他说出了这一系列问题的关键要旨：

我若说我知道，你怎么知道它不是不知道呢？我若说我不知道，你怎么知道我不是知道呢？

这段颇为拗口的思辨，其实说的是：这些问题，我当然是有答案的，但是，我之所知，是否就是你所理解、所认同的"知"呢？要知道，每个人都有独一无二的自我，每个人的认知都是不同的啊！

王倪继续陈述：人在湿地上睡觉，便会患上严重的腰疾，泥鳅则不会；人在树枝上就会惊恐不安，猿猴则不会。人、泥鳅、猿猴，三者的生活体验，谁对谁错呢？人吃家畜，麋鹿吃草，蜈蚣吃小蛇，猫头鹰吃老鼠，哪一种才是真正的美味呢？猿和猵狙交配，麋和鹿交配，泥鳅和鱼交配，哪一种选择是对的呢？毛嫱和丽姬是人类的美女，可是鱼、鸟、麋鹿却因此而四处躲藏，谁的意见正确呢？

由此我们便知晓了：王倪对这些问题都有自己的定见，但是，它们并不是啮缺的所知。人与人的知觉各有不同，判若云泥。所以，无论王倪是否说出自己的知解，对啮缺而言都没有意义，啮缺的所知，要靠啮缺的自我来参悟。而王倪出乎意料地回答"不知道"，其实是对啮缺一次又一次的点化。

在后文中我们也能知晓，王倪其实看出了啮缺与自己在很多事情上持有不同的见解，于是，此时他其实是在委婉地暗示：若是以每个人的自我来进行参悟，那么，仁义、是非都各有不同，我不希望你陷入我的见解里啊！

有意思的是，啮缺并没有明白王倪这段论述的真实含义，他以为王倪真的不能知晓天地间的利害所在。——由此也可以看出，啮缺希望得到关于"利害"的答案，而何事有利、何事有害，这哪里是王倪的关注点呢？既然鸡同鸭讲，王倪便不再说"吾恶乎知之"了，而是"答非所问"地告诉他：至人已经勘破死生了，何况利害呢？那根本是不被看重的啊！

真的有王倪口中所描述的至人吗？其实，"大泽焚而不能热"是说，泽林的燃烧很热，但是至人不以为意，这不会使他无用地抱怨酷暑，从而阻碍他探寻天道；"乘云气，骑日月"，指至人的精神寄托在云气和日月上，而不是名利俗事，所谓世间的"利害"。这样的人，因其心境澄澈，有大智慧，已入至境，便称为"至人"，并非因为有什么特别奇异的本领，也根本不必要有什么特别奇异的本领。

王倪、啮缺，恐怕是庄子杜撰出来的人物。

啮缺，从名字上看，有啮咬之精神，锲而不舍，却偏偏因此并无所得，反而有"缺"。很符合此故事中的人物形象。

王倪这个名字也很有意味：王，世间主宰；倪，边际。王之倪，岂非是无边无际的吗？这不正是王倪所描述的至人的境界吗？下一篇寓言中便有"天倪"的说法，正好与此相衬。

换言之，王倪之思想已入至人之境，其实相符；称谓亦有至人之名，其名相符。名实全都符合，王倪不正是如假包换的至人吗？然而啮缺却丝毫不知，想要求学问道，却与高人交臂而失之，深为可叹。

——不过，说可叹，又不必叹。换个角度来看，"王倪"之道，"啮缺"不知，这不也是很正常的吗？"啮缺"亦有自己之道，何必要陷入"王倪"之中呢？

作为本篇的第二个寓言，庄子继续加以警醒：他人亦是外物，莫要陷入他人之知。

"予恶乎知说生之非惑邪?予恶乎知恶死之非弱丧而不知归者邪?丽之姬,艾封人之子也。晋国之始得之也,涕泣沾襟;及其至于王所,与王同筐床,食刍豢,而后悔其泣也。予恶乎知夫死者不悔其始之蕲生乎?梦饮酒者,旦而哭泣;梦哭泣者,旦而田猎。方其梦也,不知其梦也;梦之中又占其梦焉,觉而后知其梦也。且有大觉而后知此其大梦也。而愚者自以为觉,窃窃然知之。君乎,牧乎,固哉!丘也与女皆梦也;予谓女梦,亦梦也。是其言也,其名为吊诡。万世之后而一遇大圣知其解者,是旦暮遇之也。

"既使我与若辩矣,若胜我,我不若胜,若果是也,我果非也邪?我胜若,若不吾胜,我果是也,其果非也邪?其或是也,其或非也邪?其俱是也,其俱非也邪?我与若不能相知也,则人固受其黮暗。吾谁使正之?使同乎若者正之?既与若同矣,恶能正之?使同乎我者正之?既同乎我矣,恶能正之?使异乎我与若者正之?既异乎我与若矣,恶能正之?使同乎我与若者正之?既同乎我与若矣,恶能正之?然则我与若与人俱不能相知也,而待彼也邪?"

勤奋好学的瞿鹊子

<u>齐物论寓言之三</u>
<u>莫陷于学，莫陷于言</u>

啮缺与老师王倪各在自己的境界，各说各话，交流不畅。那么，顺畅的交流有没有问题呢？

瞿鹊子十分好学，某一次，他听闻了圣人的定义，认为是"妙道之行"，而孔子却认为是"孟浪之言"，孰是孰非？难以决断，便来求问长梧子。

一般而言，这种对立的答案总是非此即彼的，若有一个为对，另外一个就是错。然而，长梧子却判定：两个人都错了。

首先，孔子是错的。

三皇五帝被世人誉为圣人，可是真正的圣人之道，他们全部清清楚楚了吗？当

瞿鹊子问乎长梧子曰：『吾闻诸夫子：圣人不从事于务，不就利，不违害，不喜求，不缘道，无谓有谓，有谓无谓，而游乎尘垢之外。夫子以为孟浪之言，而我以为妙道之行也。吾子以为奚若？』

长梧子曰：『是皇帝之所听荧也，而丘也何足以知之！且女亦大早计，见卵而求时夜，见弹而求鸮炙。予尝为女妄言之，女以妄听之。奚旁日月，挟宇宙，为其吻合，置其滑涽，以隶相尊？众人役役，圣人愚芚，参万岁而一成纯。万物尽然，而以是相蕴。

然没有，因为圣人之境远非终点，尚有无穷探索。既然被誉为圣人之人尚且不能尽知，孔子又怎能给出如此武断的结论呢？这是典型的故步自封。

其次，瞿鹊子也是错的，其错有四：

其一，不可妄议。

瞿鹊子尚且境界不足，却对听闻之事大加议论，其结果必然毫无意义。前文已经辨明："六合之外，圣人存而不论；六合之内，圣人论而不议。"议论六合之外的种种，自己却没有判断能力，亦无法获得智慧，这不是很徒劳的吗？

难怪长梧子批评他：才见到鸡蛋就要求它像公鸡一样司晨，才见到弹弓就想得到烤好的鸟肉，太早了！

其二，对圣人的理解不足。

瞿鹊子听闻"圣人不从事于务，不就利，不违害，不喜求，不缘道"，而这些仅仅是参悟天道的诸般法门而已，脱离了具体的情境，便无所谓对错。前文已有立言：内心不可陷于外物，亦不能脱离外物，所谓"彼是相生"，才是"道枢"。

所以，长梧子要正告他：所谓圣人"不从事于务"，只是顺应天道的一种表象，无论"役役"的众人，还是"愚芚"的圣人，生命的目标都是"参万岁而一成纯"。

其三，对生死的理解不当。

瞿鹊子以为，只要圣人"不从事于务"，"无谓有谓，有谓无谓"，就可以"游乎尘垢之外"，即打破生死轮回了。这种想法太过于想当然了。

按照庄学的理论，生前不知死后之事，所以，生死属于"六合之外",是应当"存而不论"的。故此,长梧子说:"我怎么会知道留恋人生不是一种迷惑呢?我怎么会知道死去不是很好的还乡呢?"然后他还以丽姬的故事来举例,说明未来不可预测,不可评判。这便是存而不论。

勘破生死,是参悟天道之中最重要的部分,怎么能像瞿鹊子一样得出如此轻率的结论呢?

其四,不该陷于争辩。

对于圣人,瞿鹊子与孔子具有不同的看法,这本来是很正常的,而瞿鹊子却非要来长梧子这里问一个确定的答案,这就表明他陷入争辩之中了。

在前面啮缺与王倪的寓言里,庄子已经明确地提出了人各有知的道理——"庸讵知吾所谓知之非不知邪?庸讵知吾所不知之非知邪?"在此,庄子又更加深入地进行了分析,一共提出了十种可能,然而,无论如何,争辩的输赢与天道的是非毫无干系。

请长梧子作为裁判,如果他的答案是正确的,瞿鹊子能够认同吗?若是能认同,又怎么会有此争辩呢?如果他的答案是错误的,瞿鹊子能够辨别吗?若是能辨别,又怎么会有此争辩呢?

天道如此宏大,宇宙如此滑湣,人心如此蒙昧,一切犹如梦中,既然如此,何不全心全力向天道而行呢?为何要自甘陷于梦境,陷于吊诡的言论之中呢?

迅速领悟的瞿鹊子

<u>齐物论寓言之三（续）</u>
<u>和之以天倪</u>

与啮缺有所不同，瞿鹊子迅速地领悟了长梧子的指点，认识到自己的不足之处，便不再停留于之前的问题，而是继续追问道：那么，应当如何解决呢？

长梧子给出的答案是："是不是，然不然。"

以自己认为之"是"与"然"衡量对方所持之"不是""不然"的见解，其中必定有真正的"是"与"然"，问题已明，那么，也就根本不必争辩了。

譬如瞿鹊子与长梧子之讨论，本来瞿鹊子心中有其"是"，遇到了长梧子的"不是"，衡量之后，便知长梧子所持见解才是真正之"是"，于是答案甚明，哪里还需要什么争辩呢？

「何谓和之以天倪？」
曰：「是不是，然不然。是若果是也，则是之异乎不是也亦无辩；然若果然也，则然之异乎不然也亦无辩。化声之相待，若其不相待，和之以天倪，因之以曼衍，所以穷年也。忘年忘义，振于无竟，故寓诸无竟。」

不过，倘若"是"与"不是"相遇，无法分辨哪个是真"是"，又当如何呢？也很简单，只需两个步骤：

第一步，双方共同探研，便是"化声"，亦即所谓"同声相应"，若能"相待"，则问题已明。

第二步，若"不相待"，则以天道之心对待之，探研之，即所谓"和之以天倪"。如果这个问题没有探究清楚，那么就一直探究下去，如果已经探究清楚了，必然也还会有其他的问题。这些不断"曼衍"的参悟，不就是人的一生吗？

譬如瞿鹊子与孔子的讨论，两人心中各有其"是"，各以对方之"是"为"不是"，"化声"亦不成，便只好各自继续参悟，"和之以天倪"。

瞿鹊子与长梧子也应当是庄子杜撰出来的人物。瞿鹊子，代表寻找树枝的栖息者；长梧子，恰好可以长供栖息之处。这一对师徒不愧是教学相长的典范，与啮缺、王倪相映成趣。

即便如此，这一段故事也引出了无数的讨论。作为本篇的第三个寓言，庄子给出的警醒是：莫陷于学，莫陷于言，莫陷于争辩。

人即是影,影即罔两

齐物论寓言之四
身则物化,心则以明

影子一会儿走,一会儿停,一会儿坐,一会儿起,罔两认为它没有独立的能力。影子的反问却发人深省:是我的主宰使我这样的吗?我的主宰又有他的主宰使他那样吗?我就像是蛇蜕、蝉蜕一样等待死亡吗?这一切又怎能知晓呢?

这个故事看似讲的是影子,其实讲的不就是人吗?人在世间行走、坐卧,岂非也受到各种规则的控制?人的生死符命,岂非也完全不可知晓?人和影子不就是一样的吗?不就是五十步和一百步的关系吗?

罔两这个名字也很有深意——罔两的本意是"无所

罔两问景曰:"曩子行,今子止;曩子坐,今子起。何其无特操与?"景曰:"吾有待而然者邪?吾所待又有待而然者邪?吾待蛇蚹蜩翼邪?恶识所以然?恶识所以不然?"

昔者庄周梦为胡蝶,栩栩然胡蝶也,自喻适志与,不知周也。俄然觉,则蘧蘧然周也。不知周之梦为胡蝶与?胡蝶之梦为周与?周与胡蝶,则必有分矣。此之谓物化。

依凭的样子",他却偏要质疑影子的无所依凭,其实,罔两、影子、人,在本质上没有什么分别,同在天道之中,同为天籁,不知生死祸福,一切都像梦幻而已。

据说庄周曾经梦见自己化为蝴蝶,可谁知道不是蝴蝶梦见自己化为庄周了呢?谁知道哪里是醒,哪里是梦?庄周与蝴蝶必然有所分辨,可谁又清楚这一切呢?

人的自我必定存在,只是晦暗不明罢了,遥远的天道必能接近,只是有如梦境罢了。人在世间,犹如影子,被冥冥之命运所主宰,不知其生,不知其死。既然如此,也不妨随着天道的安排一会儿走,一会儿停,一会儿坐,一会儿起,像个影子,随物而化,在其中不断地探究,不断地寻找自我。

本质上这并不是"无特操",而是"物化",随物而化之,和"以明"的内涵是一致的。"物化"为表,"以明"为里,"物化"为身,"以明"为心,这便是人生的真谛所在:随外物而化,明之以内心。

第三篇

养生主

不埋怨，多自省，轻名利，求真知——这才像个人。

人生在世，皆欲逍遥；若求逍遥，必先知我；既已知我，便须葆光。

以上三重理念，即是《庄子》的核心思想脉络，亦分别是《庄子·内篇》前三篇的内容。

上一篇《齐物论》的立言结尾处，庄子提出了"注焉而不满，酌焉而不竭"的葆光的概念，将之详细阐述，便是本篇《养生主》的主旨。

"吾生也有涯，而知也无涯"，既然如此，便不可懵懵懂懂地"以有涯随无涯"——若是那样，岂不是太浪费生命了吗？

所以要葆光，要养生，要知自我之所在，要养自我之所在。

养生的理论说来容易，做起来却极难，难就难在——如何分辨哪个是我，哪个不是我？如何是养，如何不是养？

养生的要诀十分简单，庄子只用一个庖丁解牛的故事便阐述清楚了，不过便是"游刃有余、善刀藏之"等寥寥数语而已，然而，如何游刃？怎样有余？何时藏刀？何时解牛？种种问题，仍是要知晓"缘督以为经"的道理才行。又不过，何为督脉，何为旁脉？理论容易阐明，实践起来却很不易，在本篇后半段，庄子又以几个寓言加以说明。

本篇是《庄子·内篇》立言的最后一篇，在篇尾，庄子意味深长地表示："指穷于为薪，火传也，不知其尽也。"后面《人间世》等四篇虽然也有立言，却更偏重于庄学与实践的结合。换言之，前三篇为体，为认识论，后四篇为用，为方法论，明悟了前三篇的立言，便犹如手中擎起智慧之火，可照亮世间的重重暗雾。

吾生也有涯,而知也无涯。
以有涯随无涯,殆已!
已而为知者,殆而已矣!
为善无近名,为恶无近刑,
缘督以为经,
可以保身,可以全生,
可以养亲,可以尽年。

吾生也有涯，而知也无涯

养生主旨之一
不妄随，不妄知

生命是有限的，知识是无限的，而若是以有限的生命，去追随无限的知识，那不是很劳而无功的吗？"殆已"！若是再以这样的追求而沾沾自喜，自以为很有智慧，那不是更危险的想法吗？"殆而已矣"！

既然如此，难道庄子是暗示人们停止追求吗？当然不是！庄子怎么会有这样因噎废食的号召呢？这一段的本意，是提醒人们要讲究方法，而不是一味地盲动，更不是停顿不前。否则，在《逍遥游》中，何以大鹏一定要克服艰难飞往南冥呢？又何以称宋荣子和列子"犹有未树"呢？在后文中，何以庖丁要耗时数年以精通解牛之技呢？不必怀疑庄子的进取之心。

倘若吾生无涯，而知有涯，那么，便可随意为之，大不了从头再来；而现实却恰恰相反，生有涯，知无涯，你我生在世间，恰如一粒微尘面对茫茫宇宙，没有智慧的取舍怎么行呢？闷头乱撞怎么行呢？若是再因此而扬扬得意，那就更不可取了！

唯有不断求知，方能接近逍遥之境，然而，又岂能陷于求知之中呢？毕竟，人生"一受其成形，不亡以待尽"，生命"行尽如驰"，不可"与物相刃相靡"，又怎能与无用之知"相刃相靡"呢？

知识浩瀚无垠，若是漫无目的，随之而迷失自我，其实质便不是求知，而是消磨；若是把这种消磨反而当作真知，受其迷惑，那么，这迷失就只会无穷无尽了。

为善无近名，为恶无近刑

养生主旨之二
缘督以为经

怎样才可以不迷失、不迷惑呢？很简单：拨开迷雾，明确目标，有的放矢，毫不动摇。也即是所谓"缘督以为经"。

督，人体最重要的经脉，贯穿于后背，是经络中的脊梁。若是有一天，某个其他的部位，譬如手脚和脊梁非要断一个不可，那当然要全力保住脊梁了；而人们终其一生，也必然要以脊梁为主心骨。那么，生命的意义，不就是人生的督脉吗？无论名声、利益，还有哪个能比生命的意义更重要呢？这便是"缘督以为经"的道理，也即是养生之主旨。

除此以外，庄子还同时给出了一句意味深长的劝诫：做善事不要贪图名声，做恶事不要触碰刑罚。

咦，庄子怎么能教人"为恶"呢？有些人看到这句话，便不免有所踌躇，想要替庄子打圆场，将"为恶"解释成一点点小的坏事，或者恶念之类，总之不肯把它当成恶行来理解。

其实大可不必！恶就是恶，为恶就是为恶，不须有所掩饰。"为恶无近刑"，若是对于庄学理解得足够透彻了，便丝毫不觉得违和，反而觉得很有道理。

恶也好，善也罢，无非都是片面的定义而已，根本不是永恒的准则，怎能用它们表面的呈现来束缚彼此的内心呢？唐尧、虞舜发起战争，是善呢，是恶呢？成汤、周武举旗反叛，是善呢，是恶呢？世间哪里有针对善恶的统一标准呢？

这个问题在《齐物论》中已经讨论过了："自我观之，仁义之端，是非之涂，樊然淆乱。"汝之蜜糖，吾之毒药，此之恶可能是彼之善，善恶岂可一概论之？此国法令严禁之事，一定是恶事吗？彼国法令未禁之事，一定是善事吗？个人行走于世间，心中自然能够分辨善恶，此善恶也必然会与他人发生冲突。故此，庄子郑重告知：心中之善恶不须与人争辩，所做之事若为他人口中之善事，则泰然处之，不要为名所累；所做之事若为他人口中之恶事，则谨慎从事，不要为刑所罚。这便是世间养生之道。

若通此道，"可以保身，可以全生，可以养亲，可以尽年。"——至此处，颇有些人认为"养亲"之"亲"字难解，便将其曲解为"精神"。

亦大可不必！《庄子》是哲学，并非玄学。"养亲"便是养护亲人的原义，不必引申或曲解。人生于世间，照顾亲人亦是不可推脱的责任所在，亲人亦是我形体的一部分，如何可以抛弃呢？

在下篇《人间世》中，庄子写道："古之至人，先存诸己而后存诸人。"这不正是庄子一贯的理念吗？不正是养生中最朴实的思想吗？不正是"缘督以为经"的一个延展吗？

庖丁为文惠君解牛，手之所触，肩之所倚，足之所履，膝之所踦，砉然响然，奏刀騞然，莫不中音，合于《桑林》之舞，乃中《经首》之会。

文惠君曰："嘻，善哉！技盖至此乎？"

庖丁释刀对曰："臣之所好者，道也，进乎技矣。始臣之解牛之时，所见无非牛者。三年之后，未尝见全牛也。方今之时，臣以神遇而不以目视，官知止而神欲行，依乎天理，批大郤，导大窾，因其固然。技经肯綮之未尝，而况大軱乎！良庖岁更刀，割也；族庖月更刀，折也。今臣之刀十九年矣，所解数千牛矣，而刀刃若新发于硎。彼节者有间，而刀刃者无厚，以无厚入有间，恢恢乎其于游刃必有余地矣。是以十九年而刀刃若新发于硎。虽然，每至于族，吾见其难为，怵然为戒，视为止，行为迟，动刀甚微，謋然已解，如土委地，提刀而立，为之四顾，为之踌躇满志，善刀而藏之。"

文惠君曰："善哉！吾闻庖丁之言，得养生焉。"

庖丁解牛，妙在养生

养生主旨之三
游刃有余，善刀藏之

庖丁解牛的故事，其核心要义，当然在于"善刀而藏之"，这便是最直观的养生之术。不过，仍有一些关键的细节，不得不辨。

其一，万事皆可入至境，至境为人所共赏。

庖丁是庄子的寓言，文惠君是庄子的代言。在这篇故事中，文惠君一共讲了两句话，都很重要，也是庄子的态度所在。

文惠君首先看到的是庖丁的技艺纯熟，已臻至境，便给出了"善哉"的评价。——注意，此处文惠君只知解牛外在之妙，"砉然响然，奏刀騞然，莫不中音"，尚且不知"刀刃若新发于硎"这些内在之妙。此处之评价，自然是因解牛而起，并非是因养刀而起。

庖丁只是一名厨师，却也能从解牛这类俗事中不断进益，达到至境，参悟天道。世间万物一理，法门众多，只要心怀求道之诚，哪里不是参悟呢？

所以庄子借文惠君之口评价说："善哉！"

其二，不断探索，取舍有道，知晓天道，才能养生。

本章开篇立言："吾生也有涯，而知也无涯。"其实质是取舍有道，用心力于一处，在纷扰的无涯之中"缘督以为经"，前文已有所辨。"庖丁解牛"所寄寓者，正是此道。

庖丁开言便讲:"臣之所好者,道也,进乎技矣。"庖丁目标为道,然而"天籁"安排他身在庖厨,既然如此,何不借此悟道?

庖丁所言,几乎句句都是解牛之技,却又句句都是天道。以庖厨之身份得道如此,不正因为他懂得取舍、心物合一吗?这不正是以有涯追无涯的典范吗?

知进退,能取舍,合于天道,不断进益,才是养生的真谛,这就是开篇一段的义理。否则,如若只是一味地保住性命形体,本我犹如死水一潭,又谈什么养生?庄子在《刻意》篇中批判说,"就薮泽,处闲旷,钓鱼闲处",这样的人生只是"无为而已矣"!

谈论至此,文惠君不必去学解牛,庖丁亦不必谋虑治国,养生之道已经各明于心。故而文惠君再次评论道:"善哉!"

其三,保持未知之心。

"吾生也有涯,而知也无涯。"天道永无止境,探寻亦永无止境。虽然庖丁技艺已入至境,未知之境仍然有待探寻。

未知之事谁能预测呢?唯有保持敬畏,虚心以待,"怵然为戒,视为止,行为迟,动刀甚微"。

譬若大鹏已由北冥飞至南冥,安知世上再没有更深广的东冥、西冥呢?保持未知之心,既是养生之道,又是养生之意义所在。

其四,游刃有余。

"十九年而刀刃若新发于硎",是养生的最直观体现,所倚赖的便是"依乎天理,批大郤,导大窾",即"游刃有余"。

所谓养生，是游刃而有余，绝不是封刃而存，由此亦可知所谓清净无为的口号只是悟道之法门而已，也绝不是人生应有的目标，其本质其实是清净杂念、无为杂事。

游刃有余，便可以从容解牛不止，十九年解牛数千；游刃有余，便可解族人难解之牛，四顾而踌躇满志。这不正是《逍遥游》的义理吗？庄子之说，正是如此精妙互通！

而游刃有余的诀窍，便是"以无厚入有间"。节者有间，刀刃无厚，便是养生之道；人世亦有间，至人亦可无厚，如此便可游刃有余于世间。这正是下一篇《人间世》的义理。

公文轩见右师而惊曰：
"是何人也？
恶乎介也？
天与，其人与？"
曰："天也，非人也。
天之生是使独也，
人之貌有与也。
以是知其天也，
非人也。"
泽雉十步一饮，
百步一啄，
不蕲畜乎樊中。
神虽王，
不善也。

右师参悟天道

养生主寓言之一
天为督脉，人为旁脉

右师是六卿之长，地位显耀，一人之下万人之上，然而，公文轩见到了右师，发现他形体不全，是一位独脚之人，便感到十分惊异：这是天生的吗？天生的形体不全又怎能被委以重任呢？这是人为的吗？如此高官，又有谁能对他施以刑罚呢？

这位右师以尊贵之躯，却受到了如此惨痛之刑，其中必定有一番缘由，不过，他的回答却完全跳出了提问的层次："这是上天的安排！"

受刑的原因可能有很多，也许是误判误伤，也许是确实有所过错，然而，人之形体有全有缺，就如同人之面容有美有丑，事情既然已经发生，那必是上天的安排，何必纠结于人呢？既然容貌丑陋都能接受，肢体残缺不同样也可以接受吗？反正已经无法改变，又何必耿耿于怀、消磨真我呢？故此，右师称之为"天之生是"，而不是"人之生非"。

那么，应当如何对待呢？《齐物论》中已有论述，方法无非两途：或者，视之为六合之内，对此"天之生是"进行参悟，以此领略天道；或者，视之为六合之外，"存而不论"。

总之，即便此事因人而起，从中亦应看到天道，而非人道。毕竟，天道为督脉，人道为旁脉，"缘督以为经"才是正理。

人生在世，总不能万事顺遂，无论好事、坏事，遭遇符命，不必埋怨，亦不必焦躁，应当以德行对待之，保持对天道的追求。这也是后文《德充符》一篇所要讨论的义理。

泽雉不愿为王

养生主寓言之二
我为督脉，王为旁脉

右师的见解虽然令人佩服，然而，其仕途的选择以及随之而来的命运却不得不使人警醒。故此，庄子意味深长地评论道：野雉生在大泽中，就算生计艰难，也是自由而保全的；若是到了笼子里，虽然看起来很高亢，其实并不善。

庄子处于乱世，诸侯兼并，战乱频仍，若是裹挟于政治之中，便会面临很大的风险，故此，庄子一直奉劝人们疏远庙堂，在《秋水》篇中更是表示：他宁肯"曳尾于涂中"，也不愿应征楚国的高官。

其实，即便不是战国那样的乱世，宦海又何尝不是充满风波呢？人世之关节盘根交错，充满风险的仕途之路，更是难以躲避的筋肉大骨，若想要在其中游刃有余，光是凭借着刀刃无厚还不行，也要主动避开政治的樊笼才是，切不可因此而葬送了"我"的自由。其他都是旁脉，唯有"我"是督脉，天地之间，还有什么比保全"我"更重要的事吗？

老聃死，秦失吊之，三号而出。

弟子曰：「非夫子之友邪？」

曰：「然。」

「然则吊焉若此，可乎？」

曰：「然。始也吾以为其人也，而今非也。向吾入而吊焉，有老者哭之，如哭其子；少者哭之，如哭其母。彼其所以会之，必有不蕲言而言，不蕲哭而哭者。是遁天倍情，忘其所受，古者谓之遁天之刑。适来，夫子时也；适去，夫子顺也。安时而处顺，哀乐不能入也，古者谓是帝之县解。」

指穷于为薪，火传也，不知其尽也。

秦失三号而出

养生主寓言之三
生为督脉，死为旁脉

好友秦失去凭吊老子，只是号哭了三声就退身离去。弟子不解，嫌他凭吊得太"轻"了，秦失回答了一句意味深长的话："有老者哭之，如哭其子；少者哭之，如哭其母。"

难道凭吊好友一定要号啕大哭吗？难道号啕大哭一定是情真意切吗？那些哀哭之中，有哪些是真正为死者而哭，又有哪些其实是移情之哭、附会之哭呢？

人们看到死者，触景生情，不免心中想起其他的遭遇，有人想到自己无助的孩子，有人想到自己苦命的母亲，牵动心事，便一并而哭，这是人类的共情、倍情之心，处处可见。只是，这不正是迷失自我的表现吗？究其实质，不就是"遁天倍情，忘其所受"吗？

所谓"倍情"，就是倍增、放大心中之情。人之种种情感，消磨真我，正是"丧我"的源泉，前文《齐物论》已有分辨："喜怒哀乐，虑叹变慹，姚佚启态。乐出虚，蒸成菌。"后文《德充符》亦有关于"人固无情"的立言，与此同义。有情且不可取，何况是倍情呢？

所谓"遁天"，就是遁离天道，不知生死。依时而生，顺势而去，这是无法改变的规律，不过就如同右师受了介刑一样，这一切不都同属天道吗？何不直接面对呢？

逝者已逝，生者还要继续前行，若是能够体悟天道，"安时而处顺",那么,哀乐就不会入侵并损毁生者的心神。生者为督脉,逝者为旁脉,生者继续前行,不就是"缘督以为经"的最佳方式吗?

心中有哀乐,便是有所悬系、牵挂;若是哀乐不能入侵于心,得到解脱,便是所谓"悬(县)解"了。秦失凭吊老子,只是号哭三声,为失去朋友而惋惜,却不因死亡而无谓地悲伤,这就是悬解之境。

指穷于为薪

<u>养生主寓言之四</u>
<u>火为督脉,薪为旁脉</u>

庄子在本篇的最后,意味深长地评论说:"指穷于为薪,火传也,不知其尽也。"

许多学者把此处的"指"解释为"脂"的通假。这是不对的,"指"就是指,在此处有三重含义:

首先,前文《齐物论》中已经有所阐述:"指"就是"名","非指"就是"实"。人们总在借助"名"来探索"实",这不就是以薪生火吗?而"名"之手段有局限,所以是"穷于为薪","实"之内涵无极限,所以是"火传不知其尽"。

其次,老子创立了道家,其智慧的呈现,不就是天道之"指"吗?此时,老子已经逝去,所以是"穷于为薪",而天道之火仍要继续传递下去,所以是"火传也,不知其尽"。

最后,庄子对老子的评价,何尝不是对他自己的评价呢?

庄子所倡导的是对天道的追求，他不止一次地表示：他的学说只是天道之"指"，只是认识的工具罢了。

火传不知其尽

《庄子·内篇》结尾之一
立言为薪，天道为火

至此，"指穷于为薪"，这是庄子的一个暗示：第一次立言结束了，火已生起，世代相传。

《逍遥游》提出：人之逍遥，须要不断努力，追随大知，抛开一切禁锢，达到"至人无己"的境界。

而如何才能够"至人无己"呢？先要知晓何为"己"，何为"吾"，何为"我"，何为"外物"，何为"内心"，这便是《齐物论》中所探讨的内容。内心不可直接定义，而辨明外物，便可返知内心，《齐物论》便将所有外物一概论之，其实是在反向论心，为参悟内心而提出种种戒律，并提出"葆光"之论。

所谓"葆光"，便是养生，何者为养，何者为不养，何者为督脉，何者为旁脉，便是《养生主》中的种种讨论。

求道、知心、养生，即《庄子·内篇》前三篇的内容，这三重理念便是庄学的核心思想脉络。故此，庄子第一次立言完毕。

虽然如此，以上立言更多偏重于理论，世间亦有种种实际状况，又当如何具体解决？《庄子》又另有四篇论述，《人间世》《德充符》《大宗师》《应帝王》，结合具体实践，进一步探讨实际的方法。

第四篇

人间世

看清了生命却不仓促,见多了人世却仍动情。

上一篇《养生主》有"以无厚入有间，恢恢乎其于游刃必有余地矣"之论述，本篇即承接这一层思想，以人为刃，以世间为牛，探讨人如何以智慧穿行于世间。

人在世间之事，无非三种：欲做之事、必做之事、待做之事。《人间世》前半部分分别讲述了三个故事，即分别对应以上三种情况，再分别给出三种处理方法：无心为之、尽心为之、随而化之。

在三个故事中，庄子又分别安排了孔子和蘧伯玉来担任"导师"的角色，意在暗示：天道之处世方法，与人道颇为相通。换言之，庄学之世俗部分，与儒学颇为相当。

至此，对世间之事的应对方法已经讨论完毕，不过，世事纷纷扰扰，又哪里有那么简单呢？首要之事，还是明辨内心与外物，才能正确处理世事。故此，在《人间世》后半部分，庄子又讲述了若干寓言，展示了同一事情的不同视角，同时也展示了不同的智慧。

最值得注意的是，最后一个寓言展示的是庄学和儒学的不同视角：儒学积极入世，故而提倡人道；庄学积极出世，故而提倡天道。

儒学积极入世，并无出世的思想；庄学积极出世，却并不排斥入世之术，而是全面涵盖。本篇《人间世》即是庄学中有关入世之术的部分，故此，几乎全以儒学人物来代言，而在本篇结束，也一定要点出儒学的不足：视角不够开阔，欲在乱世谋求人道，手段虽然正确，境界却不够高明。

前三篇，庄子立论天道，可视为"内篇之内篇"；此后三篇，偏论天道之实践，可视为"内篇之外篇"；最后一篇，兼论人道，可视为"内篇之杂篇"。

仲尼曰："嘻，若殆往而刑耳。夫道不欲杂，杂则多，多则扰，扰而忧，忧而不救。古之至人，先存诸己而后存诸人。所存于己者未定，何暇至于暴人之所行！

"且若亦知夫德之所荡而知之所为出乎哉？德荡乎名，知出乎争。名也者，相札也；知也者，争之凶器也。二者凶器，非所以尽行也。

"且德厚信矼，未达人气；名闻不争，未达人心。而强以仁义绳墨之言术暴人之前者，是以人恶有其美也，命之曰菑人。菑人者，人必反菑之。若殆为人菑夫！

"且苟为悦贤而恶不肖，恶用而求有以异？若唯无诏，王公必将乘人而斗其捷。而目将荧之，而色将平之，口将营之，容将形之，心且成之。是以火救火，以水救水，名之曰益多。顺始无穷，若殆以不信厚言，必死于暴人之前矣。

"且昔者桀杀关龙逢，纣杀王子比干，是皆修其身以下伛拊人之民，以下拂其上者也，故其君因其修以挤之。是好名者也。昔者尧攻丛、枝、胥敖，禹攻有扈。国为虚厉，身为刑戮。其用兵不止，其求实无已。是皆求名实者也，而独不闻之乎？名实者，圣人之所不能胜也，而况若乎！虽然，若必有以也，尝以语我来！"

孔子诘问颜回之行程

人间世戒律之一
道不欲杂，缘督以为经

颜回秉承着孔子所教诲的"乱国就之"的信念，想要去拯救卫国，然而，却被孔子拦住了。明明是善举，何以会遭到阻拦呢？孔子一口气列出了五个原因：

其一，道不欲杂，杂则无用。

世间之事纷纷扰扰，各种法门层出不穷，若是无视轻重，随性为之，岂不是不辨方向、迷失本心了吗？所以说：各种道理都有其好处，却绝不可杂乱无章。尊奉过于驳杂的准则，不仅解决不了问题，反而还会给人带来困扰和忧愁，那不是南辕北辙吗？

颜回想要拯救卫国，本

颜回见仲尼，请行。

曰："奚之？"

曰："将之卫。"

曰："奚为焉？"

曰："回闻卫君，其年壮，其行独。轻用其国，而不见其过。轻用民死，死者以国量乎泽若蕉，民其无如矣。回尝闻之夫子曰：'治国去之，乱国就之。医门多疾。'愿以所闻思其则，庶几其国有瘳乎！"

心当然是好的，然而，卫国正处于纷乱之中，颜回孤身轻入，便极容易受到刑罚，连自身都保不住，又何谈救人救国呢？之所以提倡"乱国就之"，其目的本来是医救其国，若是医救不了，"就之"又有什么意义呢？

而如何才能"不杂"呢？很简单，上篇《养生主》中已有答案：缘督以为经。辨清本末，道通为一，便不必迷惘，可以无往而不利。"古之至人，先存诸己而后存诸人。"孔子劝颜回先设法"存己"，再"乱国就之"，如此才会成功施救。这不正是"缘督以为经"吗？

其二，德荡乎名，难以驾驭。

若想拯救卫国，则必须推行仁德，施展智谋，不过，这只是主观上的一厢情愿罢了。那么，如何真正有效地展开德与知呢？这便要借助名望和争执这两种手段了，即所谓"德荡乎名，知出乎争"。

名望与争执，确实，二者皆非善物，若是身陷其中，则会迷失自我、消磨真我，不过，仁德本来是谦和的，只有通过名与争才能够遍达人心，即所谓"名闻不争，未达人心"。名望与争执可以助力仁德的推行，而它们同时又是诱人迷失的陷阱，它们是双刃剑，是非常之手段，所以被称为"凶器"。既然如此，何不敬而远之呢？

其三，强施仁义，反受其灾。

倘若颜回拒绝名与争之"凶器"，可想而知，以其谦和的仁德必然难以到达人心，此时若向人强推仁义之言，必定会使人反感，本是美意，别人却只觉厌恶，这种行为，岂不是如灾害一般蔓延吗？故此，可称之为"菑（通"灾"）人"。

所谓"菑人"，虽然不是直接"害人"，却也是间接地将灾害带给别人，自然会受到别人的"反菑"。本就无法达成美之目的，又何必受此恶之反灾呢？

其四，积习难改，如火救火。

从颜回的描述来看，卫君"年壮行独，轻用其国"，可见其本不是"悦贤而恶不肖"之人，既然如此，他又怎么会轻易改变呢？又怎么会偏偏一见到颜回之贤便一改前态而悦之呢？说服恐怕未必，激怒大有可能。而一旦卫君面色更变，颜回又只好顺意引导，甚至曲意迎合，如此一来，不就成了以火救火之势了吗？哪里能真正解决问题呢？

其五，易陷其名，难求其实。

从已有的事例来看，无论是关龙逢、比干这样的谏臣，还是尧、禹这样的明君，都逃脱不了陷于虚名、求实无已的败局之中。颜回孤身入险地，本身即是名大于实之事。"名实者，圣人之所不能胜也"，颜回又如何能胜之呢？

以上种种分析，不可谓不全面，不过，亦不能不承认，颜回想要拯救卫国之事，其本心是善念，其勇气可鼓励，其志向应肯定，参究天道法门众多，此事亦不是完全不可为之，孔子在此所要设法阻拦的，并非是颜回的善举，而是他的一些心态和认识。故此，在给出了种种分析之后，孔子要继续和颜回探讨：如此难成之事，何以要做？底气何来？

颜回曰：'端而虚，勉而一，则可乎？'

曰：'恶！恶可！夫以阳为充孔扬，采色不定，常人之所不违，因案人之所感，以求容与其心。名之曰日渐之德不成，而况大德乎！将执而不化，外合而内不訾，其庸讵可乎！'

'然则我内直而外曲，成而上比。内直者，与天为徒。与天为徒者，知天子之与己皆天之所子，而独以己言蕲乎而人善之，蕲乎而人不善之邪？若然者，人谓之童子，是之谓与天为徒。外曲者，与人之为徒也。擎跽曲拳，人臣之礼也。人皆为之，吾敢不为邪？为人之所为者，人亦无疵焉，是之谓与人为徒。成而上比者，与古为徒。其言虽教，谪之实也，古之有也，非吾有也。若然者，虽直而不病，是之谓与古为徒。若是则可乎？'

仲尼曰：'恶！恶可！大多政法而不谍。虽固亦无罪。虽然，止是耳矣，夫胡可以及化！犹师心者也。'

内直外虚与内直外曲

<u>人间世戒律之二</u>
<u>困于成心，皆不可取</u>

颜回认可孔子的质疑，也大约能感到此事的困难，故此，他虚心地提出了两个方案：内直外虚和内直外曲。

其一，内直外虚。

很多人信奉"锲而不舍，金石可镂"的攻坚精神，颜回提出"勉而一"，其实质正是如此。只不过，卫君为人年壮气盛，恐怕难以正面交锋，故而颜回又加上"端而虚"的行事准则，试图避其锋芒，长期感化。

细究起来，若要传德布道，"端""勉""一"才是手段，"虚"并不是手段，只是自我保护的一种反应而已。"虚"以待人，仅能得到"外合"的结果，其内心仍然是"执而不化"的，长此以往，"日渐之德"尚且无法成事，更何况是拯救卫国所需要的"大德"呢？故而孔子说："恶！恶可！"

其二，内直外曲，成而上比。

既然"外虚"不可取，那么，"外曲"呢？颜回解释说：内心坚持正直的信念，便不惧怕行事上使用一些"曲"的方法。换言之，与天必定为直，与人不妨为曲，信念始终唯一，行事灵活变换，不失为一种处世的智慧。

不仅如此，颜回还提出了"三徒"的法则：与天为徒、与人为徒、与古为徒。前两者便是内直外曲的体现，而"与古为徒"，即完全效仿古人的事例，不落把柄于他人之手，则是进谏的具体方法。如此一来，天道、人情、进谏，这三个方面的做法都有所依凭，想必便不会有自身的危险，而且也可以达到教化的目的了。

诚然，与"虚"不同的是，"曲"不再是逃避的自我反应，而是一种教化的手段了。曲意迎合，相机行事，因势利导，比起一味的回避，确实能够有所结果，而且，奉行"与古为徒"的法则，也是很有智慧的做法。不过，这些做法真的有效吗？

细细想来，颜回的"三徒"法则可以使自己立于不败之地，然而却未必会对卫君有多大的教化，其出发点其实是自我保护，却并非解决问题。虽然孔子在一开始曾对颜回讲过"先存诸己而后存诸人"的道理，至此，颜回也渐渐地领悟并且有所改变，然而，此处提出的"三徒"法则却仅仅只是"先存诸己"而已，并没有"后存诸人"的内容，既然如此，颜回奔赴卫国又有什么意义呢？这样不还是背离了教化的初衷吗？故此，孔子依然表示："恶！恶可！"

无论"内直外虚"还是"内直外曲",两种方案在实质上是相同的,只不过在处世的方法上有所调整,其实,选择"外虚"还是"外曲"又能够有多大的影响呢?其根本的症结全在于"内"。孔子最后一针见血地指出:以上种种,并不是在解决问题,不过是在保持自己的成心而已!

颜回曰："吾无以进矣,敢问其方。"

仲尼曰："斋,吾将语若!有心而为之,其易邪?易之者,暤天不宜。"

颜回曰："回之家贫,唯不饮酒不茹荤者数月矣。如此,则可以为斋乎?"

曰："是祭祀之斋,非心斋也。"

回曰："敢问心斋。"

仲尼曰："若一志,无听之以耳而听之以心,无听之以心而听之以气。听止于耳,心止于符。气也者,虚而待物者也。唯道集虚。虚者,心斋也。"

颜回曰："回之未始得使,实自回也;得使之也,未始有回也,可谓虚乎?"

夫子曰："尽矣!吾语若:若能入游其樊而无感其名,入则鸣,不入则止。无门无毒,一宅而寓于不得已,则几矣。绝迹易,无行地难。为人使易以伪,为天使难以伪。闻以有翼飞者矣,未闻以无翼飞者也;闻以有知知者矣,未闻以无知知者也。瞻彼阕者,虚室生白,吉祥止止。夫徇耳目内通而外于心知,鬼神将来舍,而况人乎!是万物之化也,禹、舜之所纽也,伏戏、几蘧之所行终,而况散焉者乎!"

心斋胜于一切

人间世法则之一
欲做之事，无心为之

至此，颜回已经无计可施，"无以进矣"，便求问孔子解决之道并得到了答案：心斋。

何为"心斋"？"不饮酒不茹荤者数月"，使身体趋于洁净，便是通常意义上的"斋"，也可以称为"身斋"；类似地，保持心志，虚而待物，"听止于耳，心止于符"，不使诸般荧惑之声近于心，便是"心斋"。

为何要"心斋"？思量颜回所提出的两种方法，无论"内直外虚"还是"内直外曲"，皆因为其"内直"在先，便难以待物，以至无路可通。而固守"内直"之念，堵塞其心，这不就是问题的关键所在吗？斋之，虚之，问题便会迎刃而解。

不妨回到最初：颜回入卫，想要改变卫君"轻用其国民"的状况，这是颜回的执念，便是所谓"内直"，然而，基于听说而来的种种信息，当真是卫国的现状吗？由此而树立的目标，一定合适？一旦颜回进入卫国，一切会毫无变化吗？颜回此时的种种念头，不会随着事情的发展而改变吗？世事都是不可确知的，又是充满变化的，既然如此，又何必抱定如此"内直"之心呢？

换言之，入卫的念头，可以作为发心，却不可以成为执念。故而颜回恍然大悟地说："回之未始得使，实自回也；得使之也，未始有回也。"事情尚未开始之前，可以以教化为己任，这是颜回本人的认识，亦是他的本心；而事情开始以后，便不必有任何执念，只须心存天道，随遇而为，将心抱守在一处，笃定前行，游刃其中。

如此这般，终于解决了问题，孔子便回答道："尽矣！"

经过这一番对话以后，颜回将去卫国的决心并未有所改变，孔子所改变的只是颜回的认识和心态。在一开始，孔子对颜回进行了种种诘问，所针对的并非颜回将去卫国的事情本身，由于颜回自身的认识不足，以至节节败退，无法回答。其实，正如孔子所言，只要"徇耳目内通而外于心知"，可化万物，有什么事情是不能解决的呢？

在这件事情上，孔子展现出了高阶的智慧，类似于《逍遥游》中庄子向惠子所展现的那样，提升一个层次，视野便更加开阔：

首先，在现实的层面，孔子以"先存诸己"的理念使颜回认识到自己的局限，颜回有所领悟，便提出了内直外曲以及"三徒"法则，然而却不免顾此薄彼，而在故事的最后，孔子提出"虚而待物"的心斋，可以兼顾内外，面面俱到，不正是"先存诸己"的高阶展现吗？

其次，在领悟的层面，"先存诸己"之"存"究竟应当作何理解呢？最初针对颜回的想法，此"存"便是肉身之存，最后，此"存"升华为自我之存。我心应当存于天道，不应当存于执念之中。如此一来，颜回将赴卫国之事便剖析得更加通透了！

仲尼曰：「天下有大戒二：其一，命也；其一，义也。子之爱亲，命也，不可解于心；臣之事君，义也，无适而非君也，无所逃于天地之间，是之谓大戒。是以夫事其亲者，不择地而安之，孝之至也；夫事其君者，不择事而安之，忠之盛也；自事其心者，哀乐不易施乎前，知其不可奈何而安之若命，德之至也。为人臣子者，固有所不得已。行事之情而忘其身，何暇至于悦生而恶死！夫子其行可矣！『丘请复以所闻：凡交近则必相靡以信，远则必忠之以言，言必或传之。夫传两喜两怒之言，天下之难者殃。夫两喜必多溢美之言，两怒必多溢恶之言。凡溢之类妄，妄则传信之也莫，莫则传言者殃。故法言曰：「传其常情，无传其溢言，则几乎全。」且以巧斗力者，始乎阳，常卒乎阴，大至则多奇巧；以礼饮酒者，始乎治，常卒乎乱，大至则多奇乐。凡事亦然，始乎谅，常卒乎鄙；其作始也简，其将毕也必巨。夫言者，风波也；行者，实丧也。风波易以动，实丧易以危。故忿设无由，巧言偏辞。兽死不择音，气息茀然，于是并生心厉。刻核大至，则必有不肖之心应之，而不知其然也。苟为不知其然也，孰知其所终。故法言曰：「无迁令，无劝成。过度益也。」迁令、劝成殆事，美成在久，恶成不及改，可不慎与！且夫乘物以游心，托不得已以养中，至矣。何作为报也？莫若为致命，此其难者。』」

孔子勉励叶公子高之行程

人间世法则之二
必做之事，尽心为之

叶公子高将要出使齐国，与颜回将要去往卫国之事相比，相似点有三：其一，任务难以完成；其二，对方难以感化；其三，自身恐有灾祸。

同样是不可能完成的任务，又当如何去面对呢？在此，孔子给出了完全不一样的建议，因为这两件事情又有三点不同之处：

首先，叶公子高对此事心中极为忐忑，"朝受命而夕饮冰"，其恐惧远远大于信心，在初一受命之时便忧惧不已，以至心中水火交加，有"阴阳之患"，同时又担心会受到君主的惩罚，有"人道之患"，简直草木皆兵，这种态度与

叶公子高将使于齐，问于仲尼曰："王使诸梁也甚重，齐之待使者，盖将甚敬而不急。夫犹未可动，而况诸侯乎！吾甚栗之。子常语诸梁也曰：'凡事若小若大，寡不道以欢成。事若不成，则必有人道之患；事若成，则必有阴阳之患。若成若不成而后无患者，唯有德者能之。'吾食也执粗而不臧，爨无欲清之人。今吾朝受命而夕饮冰，我其内热与！吾未至乎事之情，而既有阴阳之患矣；事若不成，必有人道之患。是两也，为人臣者不足以任之，子其有以语我来！"

颜回的毅然请行是截然相反的。

其次,这是叶公子高的分内之事,是其职责所在,他必须受命而为,避无可避。

最后,颜回期盼有所改变,叶公子高不必有所改变,两人所担负的责任并不相同。

于是,孔子便改变了谈话方式,不再进行质疑和诘问,亦不再逐步引导,而是正面地鼓励和提醒:

其一,禀受道义,自事其心。

人在天地之中,受到天道的安排,即是所谓符命,即是"吾",即是"一受其成形",而人的自我不正是存在于其中吗?子之父母,臣之君王,都是命中注定之事,哪里能够随意更换呢?父母之命,君王之事,亦是冥冥中之安排,怎么可以挑选拣择呢?迎面而上,禀受其道义,是个人的本分所在,其实不也正是寻找、体悟自我的必有途径吗?究其本质,其实并不是事亲、事君,而是"自事其心"。

一旦勘破了这一层道理,自身之"吾"便不再重要,便"行事之情而忘其身",便再也不会关注那些"悦生而恶死"之事了。叶公子高的阴阳之患、人道之患,自然也都迎刃而解了。

其二,不传妄言,借此修心。

与颜回的使命感有所不同,叶公子高只是作为本国的使者而存在,如实地传递本国的信息,再如实地将得到的信息传回本国,即是他的本职所在,亦是他的"自我"所在。风波往往出于妄言,危险往往产生于妄行,若是叶公子高严守自我,不妄言,不妄行,又如何会招致灾祸呢?

不妄言，不妄行，看似只是简单的原则，其实并不容易办到。一个人出使在别国，如何才算是妄呢？君王之令，往往无法面面俱到，如何才算是不偏不倚、切实地传递其真正的意愿？对方之状况，往往十分复杂，究竟哪些应当传递又如何界定呢？法言讲："传其常情，无传其溢言。"然而，哪些是常情，哪些是溢言呢？

其实，以上种种问题，确乎难办，不过，它们不正是叶公子高的职责所在、命义所在吗？叶公子高不正应当在此中体悟自我吗？故此，孔子郑重地告知："乘物以游心，托不得已以养中"，这才是叶公子高最应当去注重的事情。

以上，孔子给出了两条建议，其实仍然是"心斋"二字：前一条建议是主观认识上的"心斋"之法；后一条建议是客观手段上的"心斋"之法。

颜阖将傅卫灵公大子,而问于蘧伯玉曰:『有人于此,其德天杀。与之为无方,则危吾国;与之为有方,则危吾身。其知适足以知人之过,而不知其所以过。若然者,吾奈之何?』

蘧伯玉曰:『善哉问乎!戒之,慎之,正女身也哉!形莫若就,心莫若和。虽然,之二者有患。就不欲入,和不欲出。形就而入,且为颠为灭,为崩为蹶;心和而出,且为声为名,为妖为孽。彼且为婴儿,亦与之为婴儿;彼且为无町畦,亦与之为无町畦,彼且为无崖,亦与之为无崖。达之,入于无疵。

『汝不知夫螳蜋乎?怒其臂以当车辙,不知其不胜任也,是其才之美者也。戒之,慎之,积伐而美者以犯之,几矣。

『汝不知夫养虎者乎?不敢以生物与之,为其杀之之怒也;不敢以全物与之,为其决之之怒也。时其饥饱,达其怒心。虎之与人异类,而媚养己者,顺也;故其杀者,逆也。

『夫爱马者,以筐盛矢,以蜄盛溺。适有蚊虻仆缘,而拊之不时,则缺衔毁首碎胸。意有所至而爱有所亡,可不慎邪!』

蘧伯玉教导颜阖之行程

<u>人间世法则之三</u>
<u>待做之事，随而化之</u>

颜阖将要去做卫灵公太子的师傅，亦有所迷惘，便问道于蘧伯玉。卫灵公太子天性刻薄，故此，颜阖此行甚有危险，这与前文颜回、叶公子高所面临的状况是类似的，不过，卫灵公太子尚未执政，又有较大的成长空间，颜阖之处世方法便又有所不同。蘧伯玉给出了自己的建议：内和外就——内心不妨与之调和，处世不妨曲意顺从，渐渐引导着，以达到"无疵"的境界。

颜回所面对的是"欲做之事"，叶公子高所面对的是"必做之事"，此二者，都如箭在弦上，不得不发；颜阖所面对的却是"待做之事"，如此便从容许多，所以可以内和外就，随而化之。

颜回先有了成心，随之又生出虚名、杂道等陷阱，他所欠缺的反而是无心，便应当在摒除各种杂念中悟求真我；叶公子高失去了自心，只想到逃避，他所欠缺的是自己的成心，便应当在专心一志中悟求真我；颜阖之心，尚在成与未成之间，似乎心有所成，却又深感迷惑，无所依从，故此，应当在逐渐成心的过程中悟求真我。——其实，颜阖将要对卫灵公太子的种种教化，内和外就的种种手段与变化，何尝不是他自己悟求真我的道路呢？

螳臂不当车，养虎不触怒，爱马不骄溺

人间世戒律之三
不纵于己，不纵于人

"达之，入于无疵。"是教化的至境，而究竟如何才能实现呢？蘧伯玉给出了三个法则：

其一，不以己为能（螳臂不当车）。

螳螂之臂很有力量，它看到车辙便想要去阻挡，也很有决断和勇气，然而，螳臂怎么能够当车呢？不必说，其结果一定是失败的。

仔细想来，螳螂的力量并没有错，勇气也没有错，问题在于：双方的实力太过于悬殊，便只能落得如此下场。不过，作为旁观者，我们很容易看出问题的所在，而螳螂作为局中者，并不能够认识大车的全貌，又如何知道对方的力量呢？身在局中，又怎能知晓全局呢？这是否过于苛求了呢？

其实，在前面《齐物论》中已有论述："六合之外，圣人存而不论。"

世间之事，纷纷扰扰，恐怕没人能够完全知晓一切，此时，若是盲目地展示自己的力量，岂不是视他人为无物了吗？焉知不会有更强大的力量来与之对抗、将之击溃呢？螳螂之臂，可以捕虫，此乃天性，顺理成章，若是茫茫然跑到车辙之下，即便没有车轮碾压，恐怕也会面临其他的不测，这不正是由于它非要在六合之外展示力量所造成的必然后果吗？

既然要解决问题,力量的施用自然必不可免,只是,切不可以己为能,盲目无端地展示出来。在前文《养生主》中,解牛的庖丁已入至境,尚能够"怵然而戒",时时提醒自己的不足。"知也无涯",岂可不慎!

其二,不触人之怒(养虎不触怒)。

由于种种原因,人们需要控制某种强大的力量,譬如:养虎。面对如此强大的对象,必须要保持其归顺,决不可触怒其心。

养虎之时,决不能以活物喂养,避免激起其咬杀之心;而即便是死物,亦不能以全物相投食,避免激起其野兽之性。

人类对虎如此,对其他力量的控制,其道理不也同样吗?导引其力量,决不触怒其本性,便是控制之道。

其三,不养人之骄(爱马不骄溺)。

老虎之强大,人所共知,故而有所防备,岂不知,偏偏有些不起眼的力量,在疏于防范之时也往往会造成恶果,譬如:爱马。

马本是温驯之物,不难驯服,易于相处,然而,若是有人骄溺待之,用精致的编筐装马粪,用漂亮的贝壳接马尿,使它骄傲无匹,这时,一旦有蚊虫来叮咬,驱赶得不及时,此马便会将骄傲的怒气发泄一气,挣脱辔头的束缚,踢碎他人的胸口。这不正是溺爱所带来的灾祸吗?这些恶果不是本来可以避免的吗?

以上三条法则所讲的都是力量控制,第一条针对的是如何对待自己,后两条针对的是如何对待他人,其实可以用八个字来概括:不纵于己,不纵于人。

"颜阖将傅卫灵公大子",进入危险之地,施行难为之事,自然要约束自己,不要招惹是非,同时要保持卫灵公大子的本性平和,既不激怒于他,亦不骄溺于他。而实际上,这些不正也是每个人都应当遵守的处世法则吗?螳臂不当车、养虎不触怒、爱马不骄溺,也正是庄子假借蘧伯玉之口送给世人的三条忠告。

三样事情,三种手段

人间世立言小结
事有缓急,方法各异,全在于心

颜回之欲做之事、叶公子高之必做之事、颜阖之待做之事,分别对应三种解决方法:无心为之、尽心为之、随而化之。世间种种问题,归根结底,其实不就是这三种类型吗?人们所应该施展的种种手段,归根结底,不也正是这三种方法吗?

在此三种方法的指点下,每一种问题都能够迎刃而解,不过,细细想来,颜回仍然"将之卫",叶公子高仍然"将使于齐",颜阖仍然"将傅卫灵公大子",现象是几乎不变的,然而,其实质却潜移默化地改变了。这便是本篇《人间世》的核心主题:事有缓急,方法各异,全在于心。

颜回将去卫国,看似准备充分,结果却被孔子层层诘问,无可对答;以这样肤浅的认识,一旦到了卫国,岂不是困难重重、危险重重吗？孔子的一席话，拨云见日，不正是颜回之行的最大帮助吗？叶公子高之事、颜阖之事不也是同样的道理吗？

这正是庄子一直所注重的思想的力量！处处可见。譬如，在《逍遥游》中有大瓠之种，惠子不能用而庄子善用，在《齐物论》中有战争之辩，尧不能释然而舜可以参透，等等。

在上一篇《养生主》中，庄子提出了"以无厚入有间"的诀窍：人世有间，至人可无厚，如此游刃有余，便是养生之道。若要游刃有余，世间难以改变（譬如以上三个故事），唯有将自己变得"无厚"（譬如以上三种方法），其法门，便是思想，便是心。

颜回等三个故事正代表着世间问题的三种类型，而孔子和蘧伯玉的引导方法也各有不同：对颜回则是诘问和导引，对叶公子高则是鼓励和提醒，对颜阖则是分析与教导。其实，世间之事哪里有什么固定的方法呢？不变是相对的，变化是绝对的。不断地寻求天道、提升大知，以"我"之心明辨万事万物，便是游刃于世间的最核心之所在。

器则速毁,以为门户则液樠,以为柱则蠹,是不材之木也。无所可用,故能若是之寿。』

匠石归,栎社见梦曰:『女将恶乎比予哉?若将比予于文木邪?夫柤梨橘柚,果蓏之属,实熟则剥,剥则辱;大枝折,小枝泄。此以其能苦其生者也,故不终其天年而中道夭,自掊击于世俗者也。物莫不若是。且予求无所可用久矣,几死,乃今得之,为予大用。使予也而有用,且得有此大也邪?且也若与予也皆物也,奈何哉其相物也?而几死之散人,又恶知散木!』

匠石觉而诊其梦。弟子曰:『趣取无用,则为社何邪?』曰:『密!若无言!彼亦直寄焉,以为不知己者诟厉也。不为社者,且几有翦乎。且也彼其所保与众异,而以义誉之,不亦远乎!』

匠石与弟子评价不材之树

人间世寓言之一
世间总有非议，我心自有坚持

"不材之木"的故事，曾在《逍遥游》《人间世》《山木》等篇中多次出现，讲述的侧重点均有不同。本篇所力图呈现的是不同角度的看法。

首先，在世俗的眼光中，大树是荣耀的。它高大而又俊美，"大蔽数千牛，絜之百围"，使人赞叹，"观者如市"。

其次，在行家的眼光中，大树是"不材"的。为舟则沉，为柱则蠹，简直一无所用。

再次，在智者的眼光中，大树是智慧的。它一直追求"无所可用"的目标，历尽辛苦，几乎死亡，最后终于达成了。

最后，在旁观者的眼光中，大树依然是有争议的。弟子们会质问："既然追求'无所可用'，又为什

匠石之齐，至于曲辕，见栎社树。其大蔽数千牛，絜之百围，其高临山十仞而后有枝，其可以为舟者旁十数。观者如市，匠伯不顾，遂行不辍。弟子厌观之，走及匠石，曰：'自吾执斧斤以随夫子，未尝见材如此其美也。先生不肯视，行不辍，何邪？'曰：'已矣，勿言之矣！散木也，以为舟则沉，以为棺椁则速腐，以为

么要成为社木呢?这不就是为社神所用吗?"而此时已经醒悟的匠石会理解它,并为之辩护:"如果大树不如此,又如何存身保命呢?"

以上种种,不正是每个人都会面对的状况吗?在世间,无论做什么事情,总会遇到来自各个方面的评价,而这些评价还会互相矛盾,会争论不休,会乱人心志,它们也会随时间而改变,会突然爆发,也会湮灭无声。

其实,在本质上,它们并不重要。

世俗评价为"荣耀",行家评价为"不材",智者评价为"智慧",以上这些评论,无论褒义还是贬义,对大树有什么真正的影响呢?经过托梦点化的匠石最终参悟了,也由此理解了大树,然而,他的弟子们仍然还是不能理解,不过,无论理解还是不理解,最终影响的是匠石和他的弟子们,这与大树又有什么关系呢?

匠石最后的一席话语中,有两层含义最值得注意:

其一,每个人的生存之道都是不同的,"彼其所保与众异"。那么,无论社树还是不材,都应当智慧地去寻找自己的路。

其二,无论如何去做,总会遭受非议,总会有"不知己者诟厉"。这些意见,也根本不必在意。

在《逍遥游》中，庄子便告诫人们："举世而誉之而不加劝，举世而非之而不加沮，定乎内外之分，辨乎荣辱之境。"

在此世间，各种评价和意见不就是种种牛骨和关节吗？何必要去以自己真我的锋刃与之相撞、两败俱伤呢？何不以自己之"无厚"游刃于种种评价与意见之间呢？在他们喋喋不休之际，何不参悟真我、积蓄前往南冥的力量、善刀而藏之呢？

南伯子綦游乎商之丘,见大木焉有异,结驷千乘,隐将芘其所藾。子綦曰:"此何木也哉?此必有异材夫!"仰而视其细枝,则拳曲而不可以为栋梁;俯而视其大根,则轴解而不可以为棺椁;咶其叶,则口烂而为伤;嗅之,则使人狂酲,三日而不已。子綦曰:"此果不材之木也,以至于此其大也。嗟乎神人,以此不材!"

宋有荆氏者,宜楸柏桑。其拱把而上者,求狙猴之杙者斩之;三围四围,求高名之丽者斩之;七围八围,贵人富商之家求樿傍者斩之。故未终其天年,而中道之夭于斧斤,此材之患也。故解之以牛之白颡者,与豚之亢鼻者,与人有痔病者,不可以适河。此皆巫祝以知之矣,所以为不祥也。此乃神人之所以为大祥也。

支离疏者,颐隐于脐,肩高于顶,会撮指天,五管在上,两髀为胁。挫针治繲,足以餬口;鼓筴播精,足以食十人。上征武士,则支离攘臂而游于其间;上有大役,则支离以有常疾不受功;上与病者粟,则受三钟与十束薪。夫支离其形者,犹足以养其身,终其天年,又况支离其德者乎!

世人以为不祥,神人以为大祥

<u>人间世寓言之二</u>
<u>世人注重形德,我自支离不材</u>

想要"不材",其实也很难!上文曾经简略地提及,社树想要求得"无所可用",久久难成,一度至于濒死。"不材"之才,岂是不凭借智慧就可以获得的呢?

商之丘的大木,细枝拳曲,大根轴解,其叶使人口烂,其味使人醒醉,简直无一处可用,或者说,正是凭借着精心的安排,它在每一个细节上都挡住了世人"贪婪"的打算,这才得以保全自己。

荆氏之木,稍微长粗一点,便会被砍伐为拴猴的木桩,三四围粗,便可做房屋栋梁,七八围粗,又可做富家的寿材,只要稍有用处,便无法躲避刀斧的摧残。

不材之木,世人眼中的"不祥",却可以颐养天年,这不正是最好的结局之一吗?这不正是天神眷顾的"大祥"吗?

庄子叙述至此,犹嫌不足,又以一位虚构的人物来说明:支离疏,面颊长在肚脐之下,肩膀高过头顶,这样一位废人,却可以正当地躲开征兵服役,又可以领取国家救济,在乱世之中,他能够正常劳作,供养自身,终其天年,反而胜过无数正常人。这个故事听上去不免有些魔幻,然而,身处乱世,其生存之道不正是如此吗?

支离疏当然是一个隐喻,庄子是要借此阐明:何不逍遥于

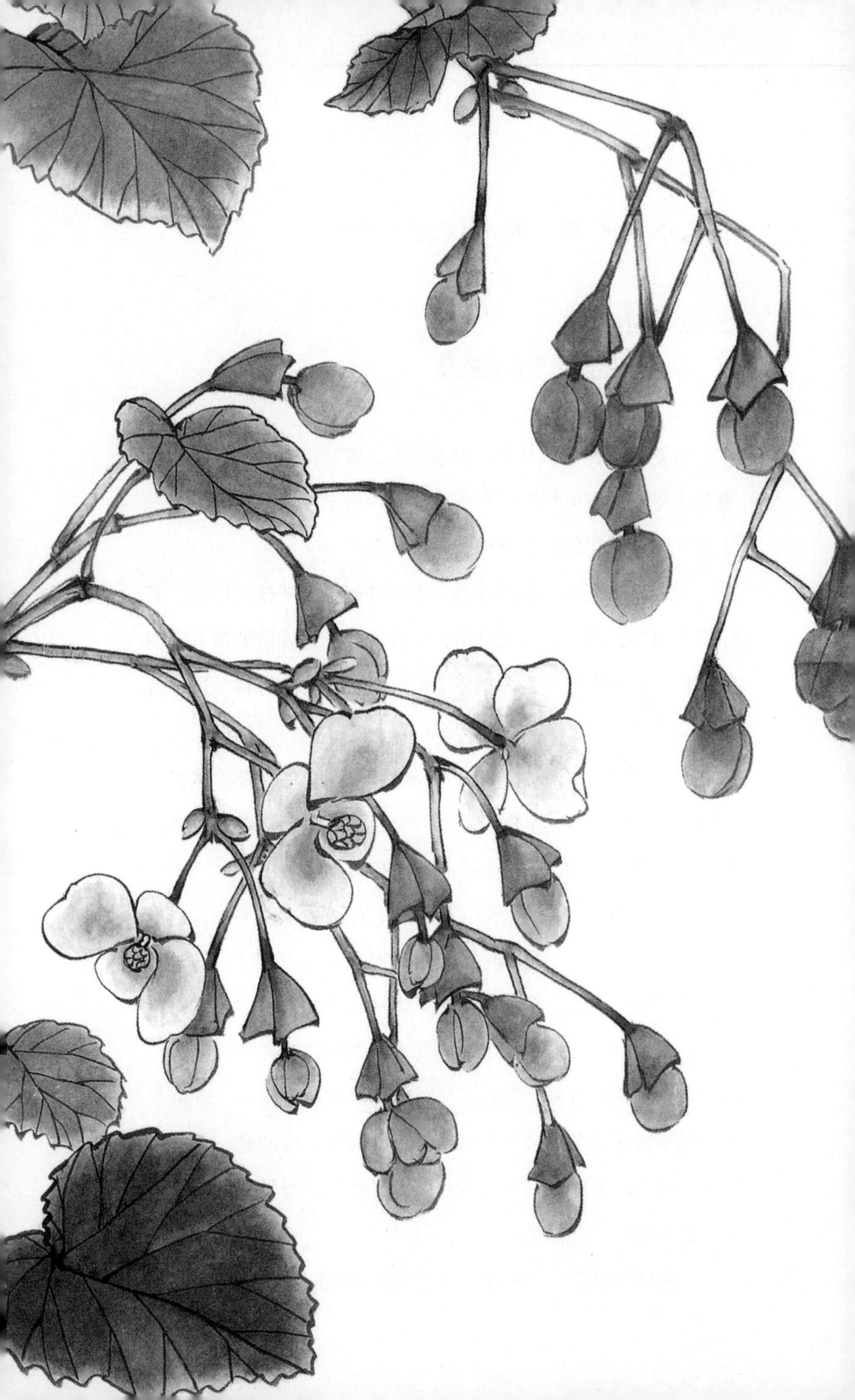

世间，"支离其形""支离其德"呢？

所谓"德"，在庄子的定义里，便是受困于世间的种种价值取向。人非要使自己变得"有用"吗？非要使自己变得像尧舜那样的圣人才行吗？与其被社会和众人所绑架，何不"支离其德"呢？抛开价值观的束缚，使自己"无用"于世俗，不正是"大用"于天道吗？这个观点，在后文《大宗师》中有进一步的阐述。

总之，若要"不材"，其实非易。在人世中"不材"，本身已是异类，若再因此繁茂而长寿，岂不是会更加显眼吗？见到商之丘的大木，南伯子綦发出断言："必有异材夫！"这不正是世人常有的评价吗？一旦获得了这种关注，离灾祸就不远了！

"不材"并不是消极的放弃，相反，它正是一种积极的谋略。凭借种种努力与机缘，躲避众人贪婪的关注，成为不材之材，逍遥游于世间，这不就是最大的智慧吗？

我本楚狂人,凤歌笑孔丘

人间世寓言之三
身处乱世,无用即大用

对于儒学,庄子是很有些批评的,在前文《齐物论》中,他就曾批评过"儒墨之是非"。然而,在本篇中,孔子对颜回与叶公子高进行了深刻的批评建议,其言论精辟有理,仿佛是庄子的代言人一般。难道庄子又开始赞成儒学了吗?这是不是显得有点蹊跷呢?

其实,庄子对儒学确有一定的批评,却并非完全对立,庄学与儒家、墨家、名家诸子,在许多具体问题上看法十分类似,只不过,看问题的角度不同,目的不同,人生追求

孔子适楚,楚狂接舆游其门,曰:"凤兮凤兮,何如德之衰也。来世不可待,往世不可追也。天下有道,圣人成焉;天下无道,圣人生焉。方今之时,仅免刑焉。福轻乎羽,莫之知载;祸重乎地,莫之知避。已乎已乎,临人以德!殆乎殆乎,画地而趋!迷阳迷阳,无伤吾行!吾行郤曲,无伤吾足!"
山木自寇也,膏火自煎也。桂可食,故伐之;漆可用,故割之。人皆知有用之用,而莫知无用之用也。

不同，便在终极追求上有了分歧。具体而言，儒学提倡人道，却止于天道，庄学兼顾人道，更看重天道，故此，在人道之论断上，两学颇有相近之处，而在天道之论断上，两学便方枘圆凿了。

本篇所讨论的是"人间世"，是天道在人间之运用，便更近于人道，因此，庄子在此借孔子之口而进行立言，正是在表示庄学对儒学的涵盖，即天道对人道的涵盖，而在本篇的结尾，又借楚狂接舆之口对孔子进行批评，亦是在表示：儒学虽然有理，却终究是小知。

本篇开篇以三段儒学故事立言，虽然它们并不见于儒学典籍之中，然而，其事迹、口吻大致与儒学相仿，譬如《论语·卫灵公》中亦有记载："君子哉蘧伯玉！邦有道，则仕；邦无道，则可卷而怀之。"故此我们可以粗略地认为：在"人间世"这个命题上，在做事的种种态度与方法上，在人道的层面，庄学对儒学是大致赞成的。

不过，庄学的终极追求仍然是天道，在包容人道的同时，对其局限也必须要加以批判，故此，在本篇的结尾，庄子一定要借楚狂接舆之口对孔子进行提醒和启发——人道的意义是什么呢？那是最重要的事情吗？什么才是当下最重要之事呢？

人生来便有局限，故此，天道才应该是人生追求的终极目标，种种人道的法门，不过是体悟天道的途径，应当为参究天道提供助力才对，远远不可以将它们作为我们追求的全部。更何况，眼下正是乱世，一味地践行人道，身不由己地被裹挟在其中，岂不是飞蛾扑火、画地为牢吗？岂不是自取灾祸吗？

故此，楚狂接舆并没有批评孔子的处世方法（甚至，是赞成的），他只是在提醒孔子："方今之时，仅免刑焉。"做事如此掣肘的时代，还往往会招致灾祸，何不避而远之呢？何不守心为一，专心参研天道呢？

"方今之时，仅免刑焉。"这八个字，正是庄子思想产生的重要来源之一。身处乱世，所以才有不材之材，所以才要更多地考虑如何颐养天年，所以，在对庄学的基础思想进行立言完毕之后，庄子也要结合时代，继续讨论具体的方法和运用，便有了这一篇《人间世》。

方今之时，仅免刑焉

<u>人间世全篇总结</u>
<u>人道存身，天道修心</u>

天道是庄学之内核，在之前《逍遥游》《齐物论》《养生主》三篇中，其理论框架已经论述完毕。不过，人是社会的产物，不能脱离于社会而存在，故此，必须要结合现实状况而谋求生存，如此便有了"人道"，《人间世》《德充符》《大宗师》三篇即为此而写，结合具体的时代背景给出了专门的方法论。

《人间世》讨论如何做事，庄学于这一部分的理念与儒家相近，故此，本篇全以儒家之对谈进行立言，以庄学之故事进行寓言，最后再以庄学之评点对儒家进行引导与提醒。

"方今之时，仅免刑焉"，这是儒家所没有看到的，也是庄学认定的儒学的疏忽所在，而下一篇《德充符》讨论如何做人，更是针对这八个字进行了更深的延展——若是连"刑"都不"免"，又当如何？

人道存身，天道修心。人道是小知，天道是大知。

其实，即便彼时并不是"仅免刑焉"的乱世，庄子也依然会孜孜不倦地追求天道。所谓乱世，也全由个人的理解而定义，没有战争和刑罚，未必不是乱世，正如整日在红尘中蝇营狗苟，未必算得长寿。总之，人世总有摧折性命之乱，要认清世道，以不材之材抵御俗世的侵蚀，游刃有余于世间，斋心以成天道，便是庄学的真谛。

第五篇

德充符

所谓命运，不过是弱者的借口罢了。

上一篇《人间世》中已经阐述：当下正是"方今之时，仅免刑焉"的乱世，故此，更应当积极参悟天道，而不是陷入人道之术中。本篇《德充符》即承接此意，探讨乱世生存之术，庄子还特意安排了四名"仅免刑焉"的主角，以他们的四个故事作为开篇。

四名主角中，有三名为"兀者"，一名为"恶人"，由此暗示，他们的圣人之境界有真有假；而在四个故事的第二主角中，孔子担任其三，子产担任其一，由此暗示，孔子对圣人之理解很有偏颇。

上一篇《人间世》论述对待世事，本篇《德充符》论述对待世人。世事较易思辨，无非都是身外之事；而世人中既包含他人，也包含"吾""我"，既包含外物，也包含内心，不可不辨。

人对世事须要分清"欲"之所在，对世人则要懂得"情"之迷惑。故此，在本篇后半段，庄子又讲述若干寓言，谈论"人故无情"的道理。

儒学提倡人道，正是因为他们无法分清"道""德"之不同。上一篇《人间世》讲对待世事，以"道"为主，儒学之术颇可一用；本篇《德充符》讲对待世人，以"德"为主，儒学之术便不免混乱。故此，本篇中儒人之言论颇多乖谬之辞，不可不辨。

名学无道，既不提倡天道，也不提倡人道，仅有其术，庄子对此常常惋惜。在本篇结尾，便特意安排名家惠子的出场，肯定其手段，感叹其无心。

常季曰：「彼兀者也，而王先生，其与庸亦远矣。若然者，其用心也独若之何？」

仲尼曰：「死生亦大矣，而不得与之变；虽天地覆坠，亦将不与之遗。审乎无假而不与物迁，命物之化而守其宗也。」

常季曰：「何谓也？」

仲尼曰：「自其异者视之，肝胆楚越也；自其同者视之，万物皆一也。夫若然者，且不知耳目之所宜，而游心乎德之和。物视其所一而不见其所丧，视丧其足犹遗土也。」

常季曰：「彼为己，以其知得其心，以其心得其常心。物何为最之哉？」

仲尼曰：「人莫鉴于流水，而鉴于止水，唯止能止众止。受命于地，唯松柏独也正，在冬夏青青；受命于天，唯尧舜独也正，在万物之首。幸能正生，以正众生。夫保始之征，不惧之实。勇士一人，雄入于九军。将求名而能自要者，而犹若是，而况官天地，府万物，直寓六骸，象耳目，一知之所知，而心未尝死者乎！彼且择日而登假，人则从是也。彼且何肯以物为事乎！」

孔子能够理解兀者王骀

德充符故事之一
身有缺陷，能成圣人

人在世间，总有一些无法摆脱的阻碍，通常称之为命运、符应。种种艰难险阻，人皆有之，谁会在一生之中每时每刻都顺风顺水呢？所谓命运，不过是弱者的借口罢了。不如安心待之，以天道驾驭之，充盈其中。德，即是天道，符，即是命运。这便是"德充符"的含义。

王骀是一位刖足之人，然而，追随他的人却和追随孔子的人一样多。不仅如此，王骀也并不宣讲什么深奥的道理，并不发表什么高明的议论，却总是能使人有所收获。就连孔子也很佩服他，表示要追随他，以他为师。

孔子已是当世大儒，凭借多年积累才能有此名望，某人

鲁有兀者王骀，从之游者与仲尼相若。常季问于仲尼曰："王骀，兀者也，从之游者与夫子中分鲁。立不教，坐不议，虚而往，实而归。固有不言之教，无形而心成者邪？是何人也？"

仲尼曰："夫子，圣人也，丘也直后而未往耳！丘将以为师，而况不若丘者乎！奚假鲁国，丘将引天下而与从之。"

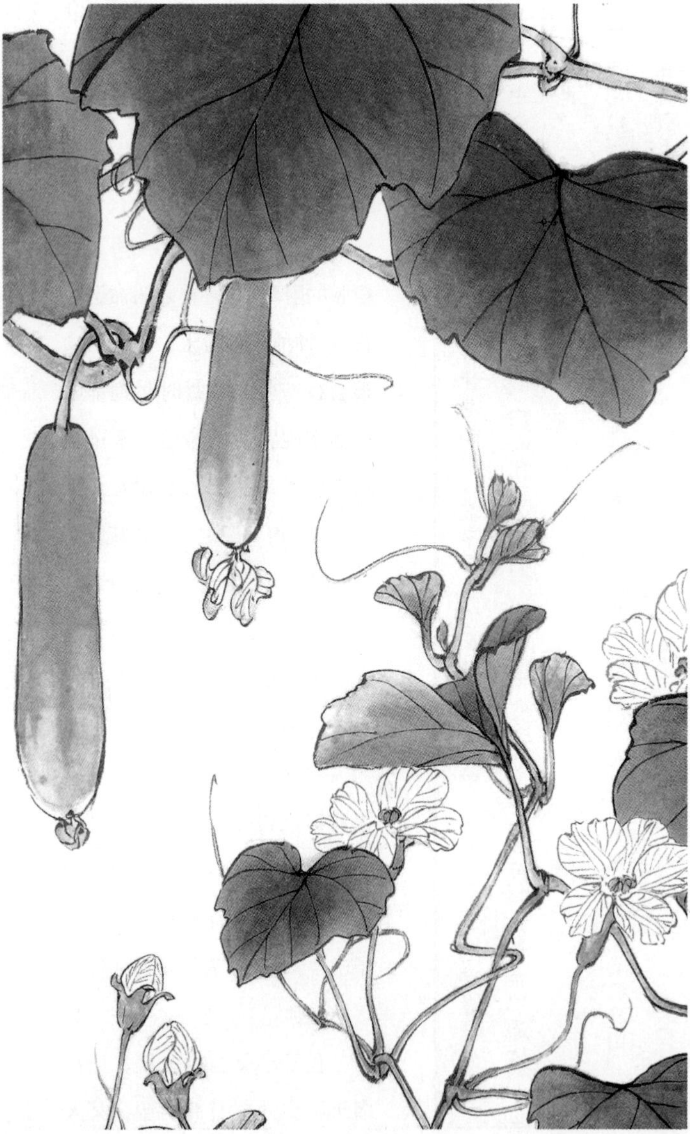

若能够比孔子还高明，已经使人为之瞠目了，更何况他竟然是个失去了一只脚的人呢？又何况他"立不教，坐不议"却能使人收获颇丰呢？这实在使人难以理解！然而，面对常季的疑问，孔子给出了分别的解答：

其一，形体的缺陷并不会影响格知万物、参悟天道，失去一只脚，犹如丢失一块泥土那样微不足道。

其二，王骀全心"修己"，心无旁骛，无惧生死，无视天地，不与物迁，故而可以进入至境。所谓"立不教，坐不议"，并非有意为之，只是他自然地守定意念而已。

其三，合乎天道，便是最高的成就，自然成为万物之首，成为众人追随的楷模。

总之，形体的缺陷与追寻天道，两者并无关联。何必把目光放在"兀者"的身份上呢？最主要的不还是"参悟天道"吗？

子产曰："子既若是矣,犹与尧争善,计子之德,不足以自反邪?"

申徒嘉曰:"自状其过,以不当亡者众;不状其过,以不当存者寡。知不可奈何而安之若命,唯有德者能之。游于羿之彀中,中央者,中地也;然而不中者,命也。人以其全足笑吾不全足者多矣,我怫然而怒;而适先生之所,则废然而反。不知先生之洗我以善邪,吾之自寤邪?吾与夫子游十九年矣,而未尝知吾兀者也。今子与我游于形骸之内,而子索我于形骸之外,不亦过乎!"

子产蹴然改容更貌曰:"子无乃称!"

申徒嘉，兀者也，而与郑子产同师于伯昏无人。子产谓申徒嘉曰：『我先出则子止，子先出则我止。』其明日，又与合堂同席而坐。子产谓申徒嘉曰：『我先出则子止，子先出则我止。今我将出，子可以止乎，其未邪？且子见执政而不违，子齐执政乎？』

申徒嘉曰：『先生之门，固有执政焉如此哉？子而说子之执政而后人者也。闻之曰：「鉴明则尘垢不止，止则不明也。久与贤人处则无过。」今子之所取大者，先生也，而犹出言若是，不亦过乎！』

子产开始理解兀者申徒嘉

德充符故事之二
身有缺陷，无关悟道

王骀已入至境，世人便佩服他，追随他，而若是像申徒嘉这样，同样是刖足之人，却不过是个普通人，人们对待他的态度便十分不同了。

很多人都会对申徒嘉的"不全足"施以嘲笑。——笑人之短，原是世间常见之事，这种结果倒也不足为奇。

而子产，身为郑国的执政大臣，又是同窗，却表现得更加激烈，不仅不愿意与申徒嘉"合堂同席而坐"，甚至当面对他表示：两人不能共处。——这种说法实在是很无礼，子产此时不仅没有丝毫的同窗之谊，反而又透出执政大臣的盛气凌人。他的见识和境界与嘲笑申徒嘉的那些人实在没什么不同，既然如此，又如何能向伯昏无人问道呢？又如何能修身养性呢？

申徒嘉师从伯昏无人十九年，却从未有任何与刖足有关的念头，而且，伯昏无人还会春风化雨般化解他心中的种种愤怒和不安。——这才是高明的境界啊！与之相比，执政大臣的俗世身份又算得了什么呢？

境界相比，高下立判，子产之渺小立刻便显露出来。不过，最厉害的还要数申徒嘉最后的两句话："今子与我游于形骸之内，而子索我于形骸之外，不亦过乎！"

号称是在修心，而还是会受困于心外之物。这样的人，恐怕远不止子产一个吧！那么，与内外浑然一体的申徒嘉相比，到底谁才是有缺陷的那个人呢？

鲁有兀者叔山无趾，踵见仲尼。仲尼曰："子不谨，前既犯患若是矣。虽今来，何及矣！"

无趾曰："吾唯不知务而轻用吾身，吾是以亡足。今吾来也，犹有尊足者存，吾是以务全之也。夫天无不覆，地无不载，吾以夫子为天地，安知夫子之犹若是也！"

孔子曰："丘则陋矣。夫子胡不入乎？请讲以所闻。"无趾出。

孔子曰："弟子勉之！夫无趾，兀者也，犹务学以复补前行之恶，而况全德之人乎！"

无趾语老聃曰："孔丘之于至人，其未邪？彼何宾宾以学子为？彼且以蕲以諔诡幻怪之名闻，不知至人之以是为己桎梏邪？"

老聃曰："胡不直使彼以死生为一条，以可不可为一贯者，解其桎梏，其可乎？"

无趾曰："天刑之，安可解！"

孔子不能理解兀者叔山无趾

德充符故事之三
心有缺陷,犹如天刑,难以弥补

叔山无趾也是一位鲁国的残疾人,他没有王骀那样的名望,并且,还因为失去了脚趾,便十分辛苦地用脚跟走路,来见孔子。然而,孔子非但没有像尊重王骀那样尊重他,反而还对他进行了批评。

孔子认为:君子应当谨言慎行,保全自身。无趾遭到刖刑便是他自己不谨慎的结果,这足以证明他自身存在问题。若是不能反思悔过,又怎么能有所成就呢?故而孔子对无趾说道:"虽今来,何及矣?"

针对孔子的批评,无趾给出了两点反击:

首先,无趾承认自己因为"不知务"和"轻用吾身"而获罪的不足,然而,虽然身有残疾,心却没有缺陷,这难道不是求道之路上最重要的吗?

其次,无趾尊奉孔子为圣人,而圣人怎么不能像天地那样包容万物呢?

一番交谈之后,孔子认为无趾讲得对,并且反过来尊称他为"夫子"。然而,真正的交锋还在后面。

由孔子和弟子的对谈中可以看出,孔子是认为无趾用心地反思、弥补了之前的过错,从而认可了他;并且,孔子其实依然认为无趾的德行不全,并以此来激励所谓全德之人。

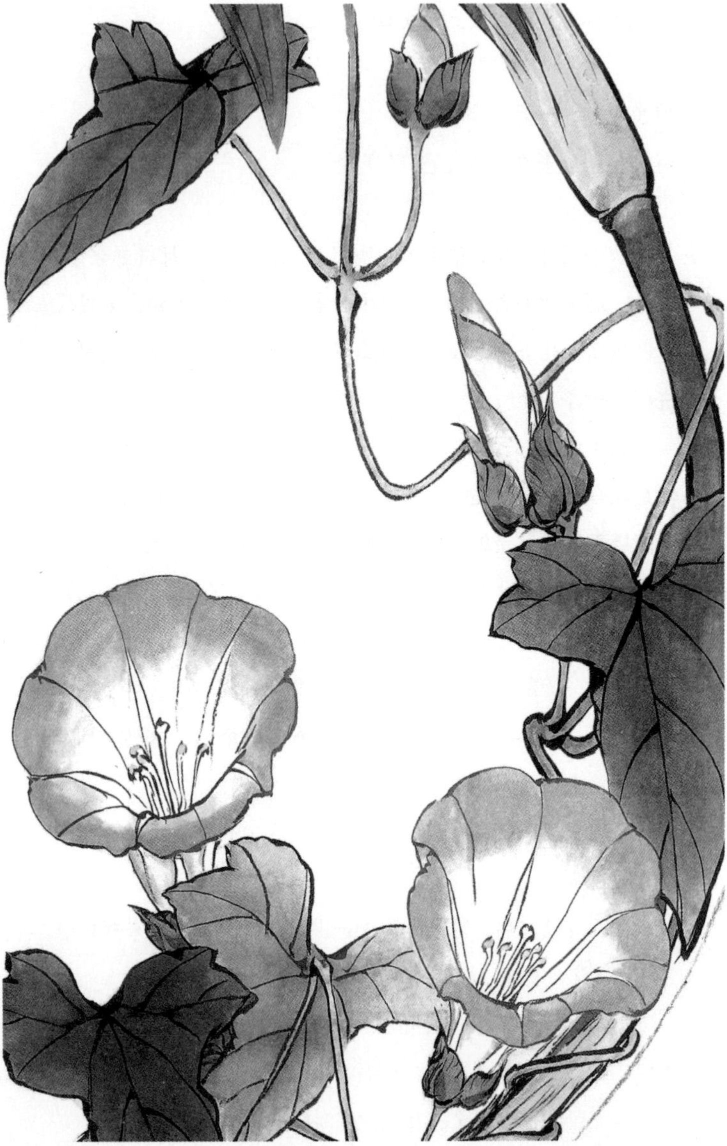

在《养生主》中，庄子便提出了做人的准则之一："为恶无近刑。"即是说，世间的善恶并无绝对的标准，不必为此而纠结。无趾虽然受到了刑罚，但他一定就是做了恶事吗？孔子的弟子们没有受到刑罚，就一定没有做过恶事吗？为什么一定要认为无趾是有过错的，是需要弥补的呢？为什么就认定无趾的德心一定有所亏欠呢？

并且，内心和外物怎么能一概论之？上文中申徒嘉反问子产："今子与我游于形骸之内，而子索我于形骸之外，不亦过乎！"也正是对孔子的批评。

由此，虽然得到了孔子的认可和尊重，但此时无趾却对孔子评价很低，认为他远远未到"至人"的境界；正如兀者残缺的形体那样，孔子的内心也受到了天刑。

身上带着刑具，尚可以解开，若是遭受了刑罚，又怎能弥补？此处，庄子对于儒学的批评，实在是很严厉了！

外，不得复使。形全犹足以为尔，而况全德之人乎！今哀骀它未言而信，无功而亲，使人授己国，唯恐其不受也，是必才全而德不形者也。」

哀公曰：「何谓才全？」

仲尼曰：「死生、存亡、穷达、贫富、贤与不肖、毁誉、饥渴、寒暑，是事之变，命之行也。日夜相代乎前，而知不能规乎其始者也。故不足以滑和，不可入于灵府。使之和豫，通而不失于兑。使日夜无郤，而与物为春，是接而生时于心者也。是之谓才全。」

「何谓德不形？」

曰：「平者，水停之盛也。其可以为法也，内保之而外不荡也。德者，成和之修也。德不形者，物不能离也。」

哀公异日以告闵子曰：「始也吾以南面而君天下，执民之纪而忧其死，吾自以为至通矣。今吾闻至人之言，恐吾无其实，轻用吾身而亡吾国。吾与孔丘，非君臣也，德友而已矣。」

鲁哀公问于仲尼曰：『卫有恶人焉，曰哀骀它。丈夫与之处者，思而不能去也。妇人见之，请于父母曰「与为人妻，宁为夫子妾」者，数十而未止也。未尝有闻其唱者也，常和人而已矣。无君人之位以济乎人之死，无聚禄以望人之腹。又以恶骇天下，和而不唱，知不出乎四域，且而雌雄合乎前，是必有异乎人者也。寡人召而观之，果以恶骇天下。与寡人处，不至以月数，而寡人有意乎其为人也；不至乎期年，而寡人信之。国无宰，寡人传国焉。闷然而后应，氾而若辞。寡人丑乎，卒授之国。无几何也，去寡人而行。寡人恤焉若有亡也，若无与乐是国也。是何人者也？』

仲尼曰：『丘也尝使于楚矣，适见豚子食于其死母者，少焉眴若，皆弃之而走。不见己焉尔，不得类焉尔。所爱其母者，非爱其形也，爱使其形者也。战而死者，其人之葬也不以翣资；刖者之屦，无为爱之，皆无其本矣。为天子之诸御，不爪翦，不穿耳；取妻者止于

孔子看似理解恶人哀骀它

德充符故事之四
才全而德不形

恶人哀骀它与前文兀者王骀的故事如出一辙：其一，都是鲁国人；其二，形体都有缺陷；其三，追随者都很多。然而，追随王骀的人是为了获取智慧，接近哀骀它的人却是为了获得安宁，这便有了根本的不同。

王骀"立不教，坐不议"，并不与追随者有过多的交流；哀骀它虽然也不发表什么主张，却常常与人相和，深谙其中之道。于是，当与哀骀它交往的时候，鲁哀公很信任他，而当他离开的时候，鲁哀公感到失去了独有的快乐。为此，孔子解释为"才全而德不形"。

所谓"才全"，指的是与所有事物相"滑和"的能力：消化所有的外部事件，保全自己的内心，使之不受侵扰。所谓"德不形"，指的是内心之德并不有所外露，如此便可以和同万物。

"才全而德不形"，看似是某种值得推崇的境界，但实际上，不过是与人相处的一个法门罢了。兀者王骀的修为和成就是可见的，而恶人哀骀它又有什么成就呢？不过只是使人感到舒服而已，那些接近他的人也不曾有什么收获。

值得注意的是，哀公听了孔子的一席话以后心悦诚服，称孔子为"德友"。——这个称呼有趣极了：按照孔子的解释，所谓"德友"，不就是互相应和之友吗？在本质上，这不就是哀骀它的替代者吗？

并且，哀公原先"执民之纪而忧其死"，听从了孔子的倡导，遂有"轻用吾身而亡吾国"的感悟，这与哀骀它并无关系，换言之，此时哀公已经将哀骀它忘却了！

另外，心生佩服的哀公又称孔子为"至人"，然而，鲁哀公见识不高，他的评价就是正确的吗？上文中无趾不是刚刚评价过孔子，认为他远远达不到"至人"的境界吗？

所以，这个有趣的故事还并未结束，庄子在下一段中才展示出它真正的答案。

四个故事，七种符命

德充符故事小结
身刑不足为奇，心刑无法弥补

本篇《德充符》，第一部分为展示部分，至此结束。它由四个故事组成，其中，一共有七个人物展现了性格，分别是兀者王骀与孔子，兀者申徒嘉与子产，兀者叔山无趾与孔子，恶人哀骀它、鲁哀公与孔子。前三个故事的核心人物都是兀者，最后一个故事的核心人物是恶人，又可分别归为两组。

第一组，天道（兀者）之组。

王骀、申徒嘉、叔山无趾三个人都是兀者，是追随天道之人，他们的三次遭遇分别展示了世人对天道的三种态度：

其一，表示理解。

兀者王骀已经获得了世人的认可，"从之游者与夫子中分鲁"，故此，孔子亦尊称他为夫子。其实，参考后文的故事来看，孔子并不懂得天道，他对王骀的认可不过是对其人道的认可。不过，孔子的认可又当如何，不认可又当如何呢？世人的理解与否对王骀有影响吗？这里其实有庄子留给读者的一个思维的小圈套。

其二，本不理解，但可以说服。

兀者申徒嘉亦是追随天道且颇有见地之人，与王骀所不同的是，他尚未取得世间的成功，便被高傲的子产所轻视。经过一番探讨，子产改变了对申徒嘉的看法，无疑，此时他是一个由追随人道转为追随天道之人。耐人寻味的是，在四个故事中，只有这个故事的第二角色是有所领悟的，也偏偏只有这个故事的第二角色并非由孔子来担当，显然庄子是在暗示孔子的冥顽不化。

其三，看似说服，但没有真正理解。

兀者叔山无趾代表天道，孔子代表人道，一番交锋之后，看似孔子被说服了，其实他并没有醒悟，仍然陷在自己的小知之中难以自拔，故此无趾称之为"天刑"。世间又有几人能像子产一样幡然醒悟呢？恐怕，这种无法理解却又自以为是的状况，才是世间的常态吧！在这个故事里，庄子也为下面的故事埋下了伏笔，进一步显示人道之学的圆滑无益。

第二组，伪天道（恶人）之组。

哀骀它所代表的是伪天道，与天道之人很像，却根本不是，粗看上去似乎是大知，实际上却毫无内涵。庄子特意用两个线索来加以暗示：其一，王骀等三人都是兀者，身不全而心无刑，哀骀它却是恶人，身心不善，毫无建树；其二，王骀，其名为王者骀荡之意，真知入心，使人舒畅，而哀骀它却大相径庭，其名为哀曲自我、讨好他人之意，仅有圆滑处世，并无真知。

孔子对伪天道是没有辨别的，他对哀骀它的评价是"才全而德不形"，"才全"尚可说，"德不形"却表现在何处呢？其实，哀骀它原本无德可形，自然便"不形"了。哀骀它之受欢迎程度可与王骀相比，然而，哀骀它无内涵，王骀有内涵，孔子无法分辨，只能将之混为一谈。这不正是人道的局限所在吗？

鲁哀公又代表着更低一层的无知，在天道与伪天道之间更没有分辨能力，反而还误以为孔子的境界已经达到至人。而孔子所追随的人道，对鲁哀公这样的人并没有度化的能力，仅有一些"德友"的假象，既不能渡己，更不能渡人，这不正是人道的另一重局限所在吗？

总之，四个故事，四组人之常情，七种符命，有些人带着天生的缺陷不断探索、小有成就，有些人沉陷于圆滑处世之中，有些人有所领悟，有些人毫无进益，有些人自圆其陋，有些人全无主见……种种天生的符命，概无可躲，何必要将眼光拘系于此呢？何不全心待之、以德充之呢？

有人之形，无人之情

德充符寓言之一
德有所长，而形有所忘

卫灵公喜欢闉跂支离无脤的言谈，再看到健全的人，反而不顺眼了。齐桓公喜欢瓮㼜大瘿的言谈，再看到健全的人，反而不顺眼了。所以，相处之道是会改变的，无论什么样的形体，无论好坏，都会被遗忘。

若是对应忘之事却念念不忘（比如已经离去的哀骀它），却又偏偏忘记了不忘之事（比如问求天道），这样不明主次、本末倒置的做法，便是忘却自身而迷失于世间了，庄子称之为"诚忘"。——上文的鲁哀公，心随哀骀它而迷失，又随孔子一番言谈而迷惑，不曾有自己的见解，这不就是"诚忘"吗？

> 闉跂支离无脤说卫灵公，灵公说之；而视全人，其脰肩肩。瓮㼜大瘿说齐桓公，桓公说之；而视全人，其脰肩肩。故德有所长，而形有所忘。人不忘其所忘，而忘其所不忘，此谓诚忘。故圣人有所游，而知为孽，约为胶，德为接，工为商。圣人不谋，恶用知？不斫，恶用胶？无丧，恶用德？不货，恶用商？四者，天鬻也。天鬻者，天食也。既受食于天，又恶用人！有人之形，无人之情。有人之形，故群于人；无人之情，故是非不得于身。眇乎小哉，所以属于人也！謷乎大哉，独成其天！

而对于游走于世间的一些聪明人，往往以智慧之术来做下恶行，以礼仪约束来胶合他人，以外德之技来与人交往，以工巧之技来与人交换，也是很不可取的！若是心中无外物，无俗世，一心求得天道，又怎么会有谋略、有断舍、有失去、有交易呢？

孔子对于王骀的评论，很有"求知"的态度，对自己和他人都有修为的增长，故而庄子予以肯定；相比之下，孔子对于哀骀它的解读，并没有使鲁哀公真正有所感悟，这种话术仅仅是使孔子获得了信任，并且还给鲁哀公带来了新的迷惑，故而庄子进行了严厉的批评，称这样的行为是恶行（"为孽"）、友情诱引（"为胶"）、情感接洽（"为接"）、人情交易（"为商"）。

所以，这一段文字才是哀骀它故事的真正结尾，分别对鲁哀公和孔子进行了批评，同时提出了庄子自己的思想。

此时之鲁哀公未必可教，此时之孔子亦未必要以天道来引渡他，庄子主要批评的仍然是：儒家的眼界不够开阔，境界不够高大。

"圣"之本意即是"聪"，耳聪目明的智者称为圣人，孔子的智慧亦是庄子所一向认可的。然而儒家一向轻于天道，重于人道，便是与庄学格格不入之处。庄子的信念是：若是陷于人情，一味探求人道，则"眇乎小哉，所以属于人也"；只有留乎人形，无人之情，探究天道，才可以"謷乎大哉，独成其天"！

> 惠子谓庄子曰:"人故无情乎?"
> 庄子曰:"然。"
> 惠子曰:"人而无情,何以谓之人?"
> 庄子曰:"道与之貌,天与之形,恶得不谓之人?"
> 惠子曰:"既谓之人,恶得无情?"
> 庄子曰:"是非吾所谓情也。吾所谓无情者,言人之不以好恶内伤其身,常因自然而不益生也。"
> 惠子曰:"不益生,何以有其身?"
> 庄子曰:"道与之貌,天与之形,无以好恶内伤其身。今子外乎子之神,劳乎子之精,倚树而吟,据槁梧而瞑。天选子之形,子以坚白鸣。"

人故无情

德充符寓言之二
无以好恶内伤其身

如果只谈"留乎人形,无人之情",听起来未免抽象,人若失去了人情,岂不就脱离人的属性了吗?其实不是。庄子给出的具体标准是:"不以好恶内伤其身,常因自然而不益生。"

第一条标准"不以好恶内伤其身"其实十分近似于孔子所提出的"不足以滑和,不可入于灵府",也就是"才全"。第二条标准才最重要:"常因自然而不益生。"也是庄学与儒学、名学的核心差异所在。

"常因自然",就是以天道为重,因凭自然而为;"不益生",就是不要人为地去增益外物,看似增益了生命,其实无用,白白消耗自己。

孔子重视"人情",以人道为重,便抱着"益生"之念,为鲁哀公解惑,最后的结果,其实只是凭口舌之术增加了"人情"而已,鲁哀公更加陷入迷惑,孔子的修为也没有增长,彼此都没有进益,其实是"不益生"的。

以惠子为代表的名家,往往"倚树而吟,据槁梧而瞑",试图以雄辩来说服他人,其实不过是徒劳耗费精神,实质上没有进益,"不益生"。在《齐物论》中,庄子即批评过他们"非所明而明之,故以坚白之昧终。"在此,他又一次惋惜地说:"上天选中了你的形体,却没有选中你的内心,你浪费了生命,白白地进行着'坚白之论'这样无用的辩论!"

道与之貌,天与之形

<u>德充符全篇总结</u>
<u>身即外物,以德充之</u>

《德充符》这一篇,表面上看,其探讨的是"做人",与上一篇《人间世》探讨"做事"相并论,其实,在本篇的最后,庄子道出了庄学的真谛:"道与之貌,天与之形,无以好恶内伤其身。"人的形貌、肉身,都由天道所赋予,无非仍然是外物而已,故此,一切只要"无伤其身"即可,最重要的仍然是探求天道、构筑内心。

本篇开篇讲述了四个故事,其中,王骀、申徒嘉、无趾三人,虽然身受刑罚,却深知身为外物,故而不以为意,一意修心,可称是"德充符"的典范,不过,其他几人,或者有所领悟,或者不懂装懂,或者懵懂无知,所经历者,不也正是自己的符命吗?符命都是外物,哪有什么好坏呢?只要以德充之,以心修之,终究都是天道。智慧总会成长,怎么会永恒不变呢?无论王骀还是哀骀它,无论正确与否,终究都是一时之事,每个人都有更远的路要继续前行。

故此,虽然孔子充当了三个故事中的反面角色,那只是庄子对儒学当下的观感，试图以此来展示种种思辨，并不代表以后的变化。而篇尾处好友惠子的特别出现，正体现了庄子对他额外的惋惜和关心：据梧而吟、坚白之术虽好，却不过仍是外物，"天选子之形"，而子之心在何处？子之道在何处？子之德在何处？

惠子的方法论和庄子大有相近之处，而为什么说他的选择和坚持是偏离天道的呢？由此，讨论的话题也渐渐转向以下问题：人在世间，何者为形，何者为心？何者为情，何者为生？何者为伤，何者为益？何者为伪，何者为真？

《人间世》《德充符》两篇，大多谈论"外物"，终究是偏于"处世"之法门，若要有所建树，还是要探究"内心"，这便是下一篇《大宗师》所要展开的。

第六篇

大宗师

没有一帆风顺的求道之路，只有百折不挠的成长精神。

上一篇《德充符》，以庄子对惠子的惋惜和批判作为结尾，庄子认为惠子"以坚白鸣"是一种生命的挥霍，浪费了"天选子之形"之天道安排。那么，人生在世间，应当如何去做呢？这便是本篇《大宗师》所要探究的主题。庄子开篇便总结道："知天之所为，知人之所为者，至矣。"

《人间世》《德充符》两篇，一篇探讨世间之事，一篇探讨世间之人，至此篇《大宗师》，所探讨的便是世间之心。这三篇内容也正是庄学在世间之实践的完整论述。

《逍遥游》《齐物论》《养生主》三篇，是《庄子·内篇》之立言，是庄学之体；《人间世》《德充符》《大宗师》是《庄子·内篇》之实践，是庄学之用。体、用至此已经论述完备，故此，本篇《大宗师》亦是对庄学的一次整体性的总结，不仅与前文的诸般论述皆有所呼应，而且其最后的寓言意味深长，亦是《庄子·内篇》的又一次结尾。

前两篇《人间世》与《德充符》，意在呈现庄学在世间种种事态中的实践，便都以故事开篇。至此，外物之讨论已经明晰，本篇《大宗师》开始进入修心之探讨，所以，前半部分不再以故事开篇，而是以哲学思辨立言，其结论正是前文各篇之总结：守真、从天、非物、闻道。这是至人修行之法则，是《庄子·内篇》较为完整的总结，亦是《庄子·内篇》体系化的结论呈现。至后一篇《应帝王》，内容便是杂论之属了。

本篇后半段，庄子又讲述了若干寓言，意在对至人修行之法进行补充说明。这其中，孔子又占据了三个寓言中的主要角色，他依次经历了为人解惑、自我批评、反师为徒三个阶段，这亦是庄子特意为其设置的提醒和勉励，希望儒学可以打破人道的禁锢，参悟更高的境界。

本篇的结尾更加耐人寻味：前面五个寓言都是参悟天道的成功范例，最后一个寓言却偏偏写失败的痛苦。庄子特意以此来作为《庄子·内篇》的一个结尾，故意与开篇鲲鹏故事的壮美相对应，以如此巨大的反差向人们发出警示：求道之路并非一帆风顺，非要有百折不挠之精神方可！

知天之所为，知人之所为

大宗师论述之一（前提）
先有真人，然后有真知

"知天之所为"，即是知晓"天而生也"，即是知晓"天籁"，在《齐物论》中论述颇多。

"知人之所为"，即是知晓人生的目标，其中包括道理、方法、信念，在《养生主》中论述颇多。

"知天""知人"的具体实践，其一对事，其二对人，分别在《人间世》《德充符》两篇进行论述。

而"知天"与"知人"的目的与境界，不正是开篇《逍遥游》中所论述的吗？"至人无己，神人无功，圣人无名。"此处，庄子亦总结道："至矣！"

由此，《大宗师》一篇，便是对前五篇的总结，也是对《庄子·内篇》，乃至庄子主

知天之所为，知人之所为者，至矣。知天之所为者，天而生也；知人之所为者，以其知之所知，以养其知之所不知，终其天年而不中道夭者，是知之盛也。虽然，有患。夫知有所待而后当，其所待者特未定也。庸讵知吾所谓天之非人乎？所谓人之非天乎？且有真人，而后有真知。

要思想的一次总结。

虽然庄学主题思想至此已经基本表述完备了，然而，仍然有一个隐藏的问题摆在眼前：天与人的分界在何处呢？

这真是一个太关键的问题了！本来天道、人道之说已经臻于圆融，然而，天道与人道边界的不确定却会一连串地引发出无穷的问题，所以庄子说"虽然，有患"。譬如，为何称儒学是人道？儒学为何不是天道？庄学为何不是人道？……还有，如何才是"知天"呢？怎样才是"知人"呢？人之知不是有所局限吗？那么，如何确定已有之知是正确的呢？……

总之，知天、知人只是探索天道的法门，若要解决问题，则要有进一步的方法。庄子给出的答案是："且有真人，而后有真知。"换言之，求己之真。

忘其所始，不求其所终；受而喜之，忘而复之，是之谓不以心捐道，不以人助天，是之谓真人。若然者，其心志，其容寂，其颡颒，凄然似秋，煖然似春，喜怒通四时，与物有宜而莫知其极。故圣人之用兵也，亡国而不失人心，利泽施乎万世，不为爱人。故乐通物，非圣人也；有亲，非仁也；天时，非贤也；利害不通，非君子也；行名失己，非士也；亡身不真，非役人也。若狐不偕、务光、伯夷、叔齐、箕子、胥余、纪他、申徒狄，是役人之役，适人之适，而不自适其适者也。

古之真人，其状义而不朋，若不足而不承；与乎其觚而不坚也；张乎其虚而不华也；邴邴乎其似喜也，崔崔乎其不得已也，滀乎进我色也，与乎止我德也，厉乎其似世也，謷乎其未可制也，连乎其似好闭也，悗乎忘其言也。以刑为体，以礼为翼，以知为时，以德为循。以刑为体者，绰乎其杀也；以礼为翼者，所以行于世也；以知为时者，不得已于事也；以德为循者，言其与有足者至于丘也；而人真以为勤行者也。故其好之也一，其弗好之也一。其一也一，其不一也一。其一与天为徒，其不一与人为徒。天与人不相胜也，是之谓真人。

真人的定义

大宗师论述之二（法则）
天与人不相胜也

什么才是真人呢？庄子给出了四个要点，也作为对前文其他几篇的回应：

其一，真人于事，虚心以待。

"古之真人，不逆寡，不雄成，不谟士"，便是顺应天道，虚心以待，尊重未知，如此，内心便可以沉稳不乱。

其实，万变不离其宗，在第四篇《人间世》中，庄子展示了欲做之事、必做之事、待做之事，其解决方法分别是无心为之、尽心为之、随而化之，不正是此处所说的"过而弗悔，当而不自得"吗？其实质不仍然是"心斋"吗？

何谓真人？

古之真人，不逆寡，不雄成，不谟士。若然者，过而弗悔，当而不自得也；若然者，登高不栗，入水不濡，入火不热。是知之能登假于道者也若此。

古之真人，其寝不梦，其觉无忧，其食不甘，其息深深。真人之息以踵，众人之息以喉。屈服者，其嗌言若哇。其耆欲深者，其天机浅。

古之真人，不知说生，不知恶死；其出不䜣，其入不距；翛然而往，翛然而来而已矣。不其二，真人于道，精气集中。

保持神明，不分散于外物，便可以致力于道。

在第二篇《齐物论》中，庄子以"其寐也魂交，其觉也形开"的事例警示世人，而此处之真人却可以"其寝不梦，其觉无忧"，与之针锋相对；《齐物论》中有"乐出虚，蒸成菌"的耗散者，本处有"息以喉"的众人与之呼应；《齐物论》中有"大辩不言"的戒律，本处有"嗌言若哇"的批评，其实，它们所论述的，仍然都是"葆光"之诀窍。

其三，真人于人，无情专心。

以心捐道，便无所畏惧生死，亦无扰乱其修心，这便是第五篇《德充符》所讲的"无情"。

所谓"无情"，并非消除喜怒哀乐，而是并不以情相寄。按照庄学之说，人在世间，亦应有喜，亦应有怒，亦应有哀，亦应有乐，却不可沉湎其中。故此，《养生主》中，秦失凭吊老聃，亦跟随众人而哀，却只是三号而出；《德充符》中，庄子告诫惠子"不以好恶内伤其身"；在本处，庄子强调"凄然似秋，煖然似春，喜怒通四时，与物有宜而莫知其极"。这些都是不伤本元之法门，即"无情"。

"无情"，便可以不畏生死、无惧往来，便可以虚心得道，而不会堕入"以心捐道"的陷阱中去——那种做法看似虔诚，实际却是南辕北辙的伪道，人的真性即是天道，哪里需要这些做张做势的表面功夫呢？

在人道以内，"无情"亦可以无往而不利。以"无情"之境界用兵，便可以"亡国而不失人心"，否则，便做不到真正的"役人",譬如狐不偕等一众高士,都因为种种逼迫而死,不受其役,不就是因为施役者"有情"、有所图谋的缘故吗?——这一段谈论是庄子借"无情"的话题顺势而为,其内容在之前的篇章中未曾出现过,所对应的其实是下一篇《应帝王》中的"未始入于非人"。

其四,真人于己,自然和德。

何为真人?有状义,有不足,有觚,有虚,故成其人;不朋、不承、不坚、不华,方显其真。在第三篇《养生主》中,庄子借秦失之口提出:"安时而处顺,哀乐不能入也。"便是此意。

然而,安时而处顺,决不是无欲无求之意,它指的是顺应天道。一切随遇而安,而究竟如何能"安",则非要极高的境界才行,心中要有不变的法则:"以刑为体,以礼为翼,以知为时,以德为循。"

人道是变易的,天道是永恒的,真人"专一"于天道,"不一"于人道,便是所谓"缘督以为经"。人道为何变易呢?因为它在六合之内,往往随时代、环境、认知等因素而改变。天道为何永恒呢?因为它在六合之外,永远探索无尽。人道之产生、变易、兴亡,皆在天道之中,故此,"天与人不相胜也"。

本篇前文曾提出问题:"庸讵知吾所谓天之非人乎?所谓人之非天乎?"至此我们知道:凡变易者皆非天道,凡疑问者皆非天道,任何人道都包含在天道之中。这个问题便根本不必解决,它哪里是真正的问题呢?

善老,善始善终,人犹效之,又况万物之所系而一化之所待乎!

夫道有情有信,无为无形;可传而不可受,可得而不可见;自本自根,未有天地,自古以固存;神鬼神帝,生天生地;在太极之先而不为高,在六极之下而不为深,先天地生而不为久,长于上古而不为老。豨韦氏得之,以挈天地;伏戏氏得之,以袭气母;维斗得之,终古不忒;日月得之,终古不息;勘坏得之,以袭昆仑;冯夷得之,以游大川;肩吾得之,以处大山;黄帝得之,以登云天;颛顼得之,以处玄宫;禺强得之,立乎北极;西王母得之,坐乎少广,莫知其始,莫知其终;彭祖得之,上及有虞,下及五伯;傅说得之,以相武丁,奄有天下,乘东维,骑箕尾,而比于列星。

死生，命也。其有夜旦之常，天也。人之有所不得与，皆物之情也。彼特以天为父，而身犹爱之，而况其卓乎！人特以有君为愈乎己，而身犹死之，而况其真乎！泉涸，鱼相与处于陆，相呴以湿，相濡以沫，不如相忘于江湖。与其誉尧而非桀也，不如两忘而化其道。

夫大块载我以形，劳我以生，佚我以老，息我以死。故善吾生者，乃所以善吾死也。

夫藏舟于壑，藏山于泽，谓之固矣！然而夜半有力者负之而走，昧者不知也。藏小大有宜，犹有所遁。若夫藏天下于天下而不得所遁，是恒物之大情也。特犯人之形而犹喜之，若人之形者，万化而未始有极也，其为乐可胜计邪？故圣人将游于物之所不得遁而皆存。善妖

相濡以沫,不如相忘于江湖

大宗师论述之三(阻碍)
心有天道,才有江湖之大

论述至此,目标已经明确——天道而非人道;手法已经明确——先有真人,再有真知;然而,此时尚有求真的阻碍,不可不知——便是"物之情也",外物对于求知的羁绊。

无论死生、仁义、君臣……本质上都是外物,与内心无关,此事已有多次辨明。然而,一到了事情的紧要关头,又有多少人能够勘破而不深陷其中呢?实在很难。故此,庄子又特意讲了一个"相濡以沫"的故事:

泉水干涸,有些鱼在陆地上挣扎地活着,以湿气相互滋润,以唾液相互沾湿。

时至今日,"相濡以沫"依然是一个常用的褒义词,体现了困境之中彼此帮助的精神。诚然,此种精神确实值得赞美,然而,"相濡以沫"的背景却是"鱼相与处于陆",鱼不可缺水,却被迫要在陆上生存,如此恶劣的环境,"相濡以沫"又有什么实用呢?而且,得到赞美的就一定是至善之事吗?庄子在《逍遥游》中即已经提出:"圣人无名。"图谋赞美的虚名,不正是违背本心的事吗?因此,庄子给出的批语是:"不如相忘于江湖。"

"相忘于江湖",其核心之道在于"江湖",而不是"相忘"。陆上之鱼,最紧要的是要想办法跳到江湖之中,而不是苦苦地在此地挣扎。由陆地去往江湖，犹如大鹏由北冥飞往南冥，是要有大智慧、大勇气、大决心才能办到的事。一旦到了江湖的新天地，自然便会水到渠成，忘记陆地之小，不再理会这些小知小境。

江湖之大，想要到达谈何容易？何况还有那些虚名的牵绊？于是，明明很艰苦，也没有任何意义，但有些鱼就是选择在陆地上"相濡以沫"，享受着世间的赞叹，仿佛自己像帝尧一般伟大，还对去往江湖之鱼施以批评，认为他们像夏桀那般残暴无情。——如此不真之人，受到懒惰和愚蠢的羁绊，又如何能知晓真正的天道呢？

在《人间世》中，庄子借楚狂接舆之口告诉大家："方今之时，仅免刑焉。"人们生活在如此糟糕的时代，不正是"鱼相与处于陆"吗？颜回之卫、颜阖将傅卫灵公大子等事，本质上不都是"相濡以沫"这样的无用功吗？既然如此，何必不"两忘而化其道"呢？

南伯子葵问乎女偊曰：「子之年长矣，而色若孺子，何也？」

曰：「吾闻道矣。」

南伯子葵曰：「道可得学邪？」

曰：「恶！恶可！子非其人也。夫卜梁倚有圣人之才而无圣人之道，我有圣人之道而无圣人之才。吾欲以教之，庶几其果为圣人乎！不然，以圣人之道告圣人之才，亦易矣。吾犹守而告之，参日而后能外天下；已外天下矣，吾又守之，七日而后能外物；已外物矣，吾又守之，九日而后能外生；已外生矣，而后能朝彻；朝彻，而后能见独；见独，而后能无古今；无古今，而后能入于不死不生。杀生者不死，生生者不生。其为物，无不将也，无不迎也，无不毁也，无不成也，其名为撄宁。撄宁也者，撄而后成者也。」

南伯子葵曰：「子独恶乎闻之？」

曰：「闻诸副墨之子，副墨之子闻诸洛诵之孙，洛诵之孙闻之瞻明，瞻明闻之聂许，聂许闻之需役，需役闻之于讴，于讴闻之玄冥，玄冥闻之参寥，参寥闻之疑始。」

问道之路

<u>大宗师论述之四（方法）</u>
<u>道可悟，不可学</u>

在前三部分中，目标、手法、阻碍，这些"圣人之道"已经论述全面，而且清晰，既然如此，是否便可得道了呢？当然不行！探求天道的过程必然充满艰辛，不能一蹴而就，必须亲力亲为。即使参悟者具备"圣人之才"，也必须要亲自经过种种锤炼，绝非易事。

故事中，女偊已经得道，"有圣人之道"，然而，求道之路决不可越俎代庖，他无法使卜梁倚轻易得道，使其成圣，这便是所谓"无圣人之才"。在此处，"圣人"意为"使人为圣"，是使动用法的句式结构。

而卜梁倚未曾得道，"无圣人之道"，却已经明确了求道的途径，所欠缺的是亲自实践和体悟，故而称他"有圣人之才"。在此处，"圣人之才"是对个人器质的肯定。

具有"圣人之才"，又坚定了"圣人之道"，其路途有多么艰辛呢？以卜梁倚为例，要勘破天下、勘破万物、勘破生死、豁然彻悟、独有洞见、超越古今、不生不灭……这才渐渐接近天道。

卜梁倚有女偊的引领，遂能有此成就，如若自行参悟，又当如何呢？以女偊为例，要参悟辗转流传的文字（副墨之子），再顺藤摸瓜参悟口口相传的诀窍（洛诵之孙），再顺流向上参悟曾有的目见之征象（瞻明），这些征象可能来自各处的耳闻（聂许），耳闻又来自不断的实践（需役），实践来自歌颂（于讴），歌颂来自静思（玄冥），静思来自空旷之境（参寥），空旷之境来自万物之本源（疑始）……

万物之本源称作"疑始"，那是因为"知也无涯"，未知之事实在是无穷无尽的，女偊也无法知晓其真正的开始。在这个故事中，庄子称女偊为"闻道"之人，那不过也是相对而言，谁又能真正通彻地知晓天道呢？

故此，无论是女偊还是卜梁倚的悟道之路，不过都是一种形容罢了，其过程势必要艰辛而漫长。

在此寓言中庄子也埋下了许多暗示，从名字来看，卜梁倚的含义是：能够选择（卜）正确的桥梁大道（梁）以凭借（倚）。其凭借的便是女偊的"圣人之道"，所以他有"圣人之才"，可以渐渐得道。

女偊的含义是：一个人（女，通汝）永远踽踽独行（偊）。可见圣人之道的孤独和漫长，必须要独自一人默默坚持。

子葵的含义是：审度之心（葵，通揆）。乐于求问、审度、思考，本是好事，不过，如果只限于此，不肯亲力亲为地向前走出一步，又怎么能够探求天道呢？故此女偊评价说："子非其人也！"

大宗师之路

大宗师立言小结
守真、从天、非物、闻道

人生在世间,首先要"知天之所为,知人之所为者",如此才可能进入至人之境。这是追求天道的基础。

不过,如何才能知天、知人呢?如何才能获得正知呢?答案是:"且有真人,然后有真知。"便是所谓"守真"。

如何"守真"?庄子列举了古之真人的诸般法门,其实万变不离其宗,都在前面各篇中出现过,其核心要旨便是:"天与人不相胜也。"

目的、方法已经明确,然而,为何仍然无法成为至人?概因为"物之情"甚深,阻碍甚深。若是勘破物情,自然便能冲破一切阻碍。

至此,一切已经辨明,然而,闻道之路仍然极为漫长,以上种种言辞,仅可以用来参照,一切仍然要凭借自己的不断领悟。

有结之。且夫物不胜天久矣,吾又何恶焉!"

俄而子来有病,喘喘然将死,其妻子环而泣之。子犁往问之,曰:"叱!避!无怛化。"倚其户与之语曰:"伟哉造化!又将奚以汝为,将奚以汝适?以汝为鼠肝乎?以汝为虫臂乎?"子来曰:"父母于子,东西南北,唯命之从。阴阳于人,不翅于父母,彼近吾死而我不听,我则悍矣,彼何罪焉?夫大块以载我以形,劳我以生,佚我以老,息我以死。故善吾生者,乃所以善吾死也。今大冶铸金,金踊跃曰:『我且必为镆铘』,大冶必以为不祥之金。今一犯人之形,而曰:『人耳人耳』,夫造化者必以为不祥之人。今一以天地为大炉,以造化为大冶,恶乎往而不可哉!"成然寐,蘧然觉。

子祀、子舆、子犁、子来四人相与语曰："孰能以无为首，以生为脊，以死为尻，孰知死生存亡之一体者，吾与之友矣。"四人相视而笑，莫逆于心，遂相与为友。

俄而子舆有病，子祀往问之。曰："伟哉！夫造物者，将以予为此拘拘也！"曲偻发背，上有五管，颐隐于齐，肩高于顶，句赘指天。阴阳之气有沴，其心闲而无事，跰𨇤而鉴于井，曰："嗟乎！夫造物者，又将以予为此拘拘也！"

子祀曰："女恶之乎？"

曰："亡，予何恶！浸假而化予之左臂以为鸡，予因以求时夜；浸假而化予之右臂以为弹，予因以求鸮炙；浸假而化予之尻以为轮，以神为马，予因以乘之，岂更驾哉！且夫得者，时也；失者，顺也。安时而处顺，哀乐不能入也，此古之所谓县解也，而不能自解者，物

以无为首，以生为脊，以死为尻

大宗师寓言之一
勘破生死

理论虽已辨明，求道之途却并未有所简易，故此，仍要以寓言辅助说明，首先是子祀等四人的故事。

世人喜欢探讨"从生到死"，而按照庄学，其准确的看法应当是"以无为首，以生为脊，以死为尻"，其中包含着三层含义：

首先，生命并不是"从生到死"，而是"从无到死"，"生"是其中一段。如此而言，"无"亦有意义，"死"亦有意义，"生"则自然是不必说了。

其次，"无"为人之首脑，一切思考由此而生，我是谁？我从哪里来？天道种种，尽在于此；"死"为人之尻尾，一切思考向此而去，我实现了什么？我向哪里去？人道种种，向此而行。

最后，"生"为人之脊梁，可伸可缩，可立可倒，一切精彩尽在于此，故而《养生主》开篇便讲"缘督以为经"，号召人们把握生命之根本。

如此一来，死生皆可勘破。

子舆有病，将死，却"心闲而无事，跰𨇤而鉴于井"（跰跚着到井水处照镜子），又表示，如果死亡将他的左臂化为公鸡，便用来报晓司晨，如果将右臂化为弹丸，便用来打鸟烤肉。

如此恬淡"无情"的心态，不就是至人之境界吗？

在前文《人间世》中，支离疏"颐隐于脐，肩高于顶，会撮指天，五管在上"。此时，子舆也是"曲偻发背，上有五管，颐隐于齐，肩高于顶，句赘指天"。二人极为相似。其实，一切不都是生的形态之一吗？即便是此时身体尚且完好的子祀，本质上又有什么不同呢？他将来不同样也要面对"颐隐于脐，肩高于顶"的状况吗？

既然勘破了生死，子舆便只是平淡地说："伟哉！夫造物者，将以予为此拘拘也。"在井边照了照水中自己的倒影，他又平淡地说："夫造物者，又将以予为此拘拘也。"那意思是说，如果拘于形体之中，无可作为，死便不过也是生的倒影罢了！

如此安然面对，便是所谓"悬解"，"安时而处顺，哀乐不能入"，在《养生主》中曾经有所论述。

子来有病，将死，他的妻子儿女不能接受，哭泣不停，子犁却能知其心意——造物主不过是要把他化为鼠肝或者虫臂，换一种形态罢了。子来亦把死亡比喻为造物者对人的回炉重造，所以，何不顺其自然呢？

子祀、子舆、子犁、子来四人，分别对应庙堂之国君（祀）、车马之贵族（舆）、农耕之百姓（犁）、悠游之隐士（来）。世间之人，无非此四种，可见得：勘破生死，与身份无关，世人都要面对。

又恶知死生先后之所在！假于异物，托于同体；忘其肝胆，遗其耳目；反复终始，不知端倪；芒然彷徨乎尘垢之外，逍遥乎无为之业。彼又恶能愦愦然为世俗之礼，以观众人之耳目哉！"

子贡曰："然则夫子何方之依？"

孔子曰："丘，天之戮民也。虽然，吾与汝共之。"

子贡曰："敢问其方。"

孔子曰："鱼相造乎水，人相造乎道。相造乎水者，穿池而养给；相造乎道者，无事而生定。故曰，鱼相忘乎江湖，人相忘乎道术。"

子贡曰："敢问畸人？"

曰："畸人者，畸于人而侔于天。故曰：天之小人，人之君子；人之君子，天之小人也。"

子桑户、孟子反、子琴张三人相与友，曰：『孰能相与于无相与，相为于无相为？孰能登天游雾，挠挑无极，相忘以生，无所穷终？』三人相视而笑，莫逆于心，遂相与为友。

莫然有间，而子桑户死，未葬，孔子闻之，使子贡往侍事焉。或编曲，或鼓琴，相和而歌曰：『嗟来桑户乎！嗟来桑户乎！而已反其真，而我犹为人猗！』

子贡趋而进曰：『敢问临尸而歌，礼乎？』

二人相视而笑曰：『是恶知礼意！』

子贡反，以告孔子，曰：『彼何人者邪？修行无有，而外其形骸，临尸而歌，颜色不变，无以命之，彼何人者邪？』

孔子曰：『彼游方之外者也，而丘游方之内者也。外内不相及，而丘使女往吊之，丘则陋矣！彼方且与造物者为人，而游乎天地之一气。彼以生为附赘县疣，以死为决㾗溃痈。夫若然者，

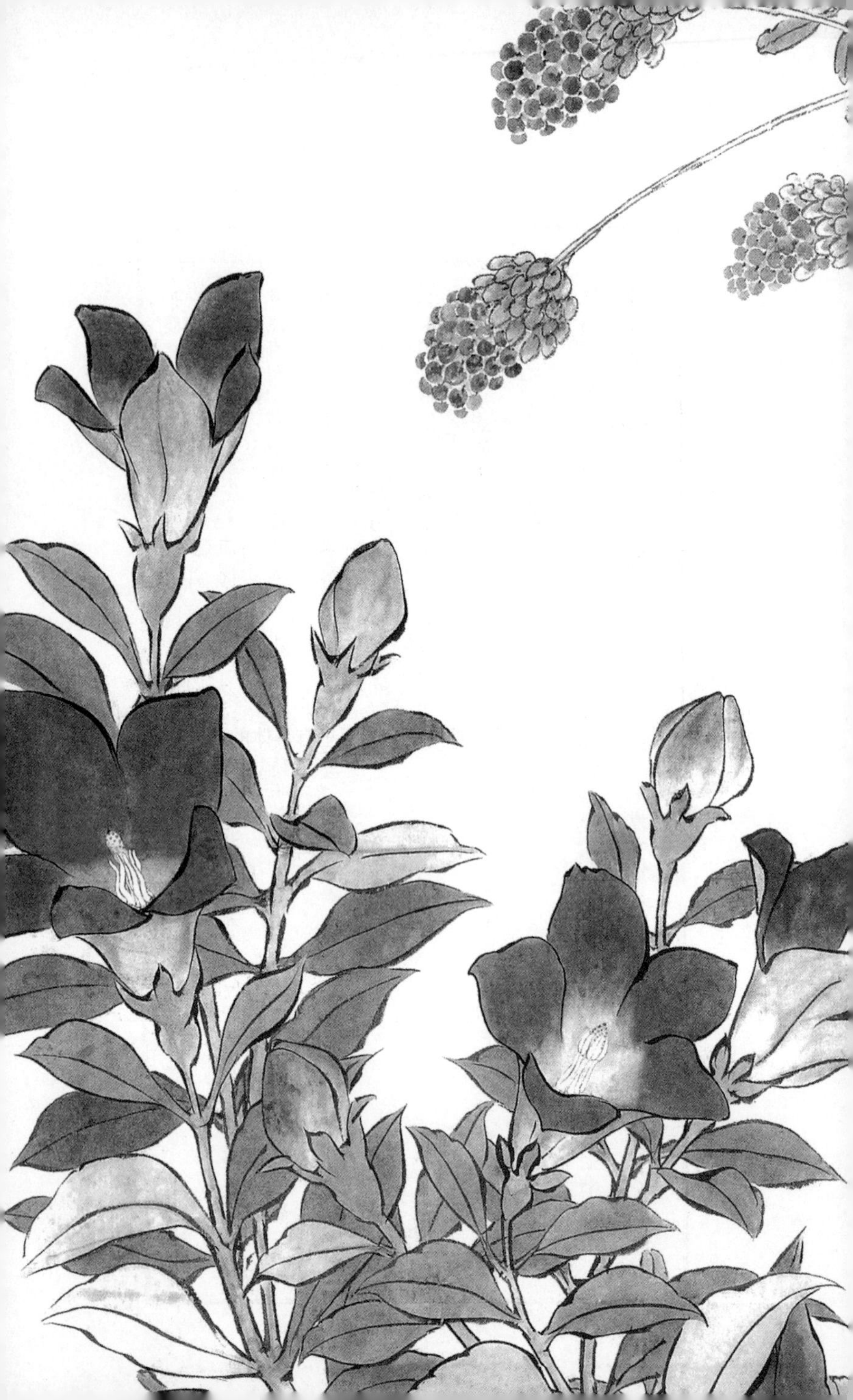

鱼相忘乎江湖，人相忘乎道术

大宗师寓言之二
无物于心

子桑户已死，未葬，孟子反和子琴张二人毫无悲戚之意，反而"或编曲，或鼓琴，相和而歌"。信奉儒学的子贡对此很不理解，便问道："在尸体面前唱歌，符合礼仪吗？"二人笑了笑："你哪里懂得真正的礼仪呢？"

子贡的问话严守礼仪，"趋而进"，他对礼的遵从可谓是发自身心的，时时不忘。然而，子桑户已死，孟子反和子琴张又是世外之人，不受礼教，子贡之礼又哪里有具体的意义呢？这不就是孟子反和子琴张批评子贡"恶知礼意"的由来吗？

孔子看得透彻，一语道破："愤愤然为世俗之礼"只是"观众人之耳目"而已，并不是真正的"礼"。

在这个故事中，孔子再次为庄学而代言，他称子桑户三子为方外之人，又称自己为方内之人，不仅对三子采用敬佩、赞成的口吻，还严厉地批评自己为"天之戮民""天之小人"。——这当然又是庄周寓言讲法的一个小手段，既包含着天道对人道的批评，又寄寓了庄学对儒学的指点。

于是，在故事中，孔子放弃了自己的主张，承认天道胜于人道，又论述了"鱼相忘乎江湖，人相忘乎道术"的道理，而这个论点，几乎是前文中庄子的原话，正是典型的庄学认知。

颜回问仲尼曰：『孟孙才，其母死，哭泣无涕，中心不戚，居丧不哀。无是三者，以善处丧盖鲁国，固有无其实而得其名者乎？回壹怪之。』

仲尼曰：『夫孟孙氏尽之矣，进于知矣，唯简之而不得，夫已有所简矣。孟孙氏不知所以生，不知所以死；不知就先，不知就后；若化为物，以待其所不知之化已乎！且方将化，恶知不化哉？方将不化，恶知已化哉？吾特与汝，其梦未始觉者邪！且彼有骇形而无损心，有旦宅而无情死。孟孙氏特觉，人哭亦哭，是自其所以乃。且也相与吾之耳矣，庸讵知吾所谓吾之乎？且汝梦为鸟而厉乎天，梦为鱼而没于渊，不识今之言者，其觉者乎？其梦者乎？造适不及笑，献笑不及排，安排而去化，乃入于寥天一。』

孟孙才不哀其母

大宗师寓言之三
不拘于礼

在居丧之礼的问题上，颜回也遇到了和子贡类似的困惑：孟孙才的母亲去世了，他哭泣而没有眼泪，心中没有悲戚，服丧而不哀痛，如此怠慢，却被誉为善于处理丧事的人。这难道不是欺骗的虚名吗？怎么会有这种存在呢？

孔子也继续用庄子的口吻解释道：

其一，孟孙才知晓了丧礼的真谛，故而能做到极致，其简化丧礼是有所遵循的。

其二，孟孙才已经进入了无生无死之境，相比之下，孔子和颜回反而尚未觉醒，犹在梦中。

在这个故事里，孟孙才虽然超越了丧礼之形，然而"人哭亦哭"，仍然要与人相妥协，遵从世间的安排，其行为，仍可称之为"造适"，随波逐流之意。在上文中，面对子桑户的死亡，孟子反和子琴张却可以相和而歌、相视而笑，能够跳出世俗的羁绊。故此说，"造适不及笑"。

虽然如此，笑对死亡也并不是最自如的形态，反而还有些故意为之的意味，所以称为"献笑"，那便不如排除一切心念，不乐不悲，安然面对。故此说，"献笑不及排"。

总而论之，孟孙才的无涕也好，孟子反和子琴张的笑歌也罢，都是勘破生死的表现，亦是法门，唯有安于排除心念，远离物化，才可以进入寥廓的天人合一之境。

意而子见许由，许由曰："尧何以资汝？"

意而子曰："尧谓我，「汝必躬服仁义而明言是非」。"

许由曰："而奚来为轵？夫尧既已黥汝以仁义，而劓汝以是非矣，汝将何以游夫遥荡恣睢转徙之涂乎？"

意而子曰："虽然，吾愿游于其藩。"

许由曰："不然。夫盲者无以与乎眉目颜色之好，瞽者无以与乎青黄黼黻之观。"

意而子曰："夫无庄之失其美，据梁之失其力，黄帝之亡其知，皆在炉捶之间耳。庸讵知夫造物者之不息我黥而补我劓，使我乘成以随先生邪？"

许由曰："噫！未可知也。我为汝言其大略：吾师乎！吾师乎！齑万物而不为义，泽及万世而不为仁，长于上古而不为老，覆载天地、刻雕众形而不为巧。此所游已。"

意而子一心求道

大宗师寓言之四
不拘于过往

第四个故事十分精彩!

意而子以尧为圣人,便跟从他,而尧对他的要求有二:一是"躬服仁义",一是"明言是非"。果然,其结果是意而子因为触犯了仁义而遭受了黥刑,又因为不辨是非而遭受了劓刑。——按照庄学的理论,仁义、是非,都是各人相对的理解,就算意而子愿意"躬服仁义",他又如何准确地躬服尧的仁义呢?他努力"明言是非",又如何不触犯尧的是非呢?所以,这是一个必然的结果。

意而子便转来投奔尧的老师许由,而许由假意地批评他:"你已经在仁义和是非之中陷得太深了,因此而受到了黥刑和劓刑,又如何能逍遥游于至境之中呢?"

听此批评,意而子表示虚心接受,但仍然坚定地表示:"愿游于其藩。"

意而子的志心虽诚,却似乎并没有领会意图,于是许由又故意地说:"已盲之人再也看不见面容的美丽,已瞎之人再也看不到衣裳华丽的花纹。"

这时候,意而子给出了一个很"漂亮"的反驳:"美人无庄失去了她的美,大力士据梁失去了力气,黄帝失去了智慧,可是他们仍然在造物主安排的锤炼之中。谁说造物主就不会将

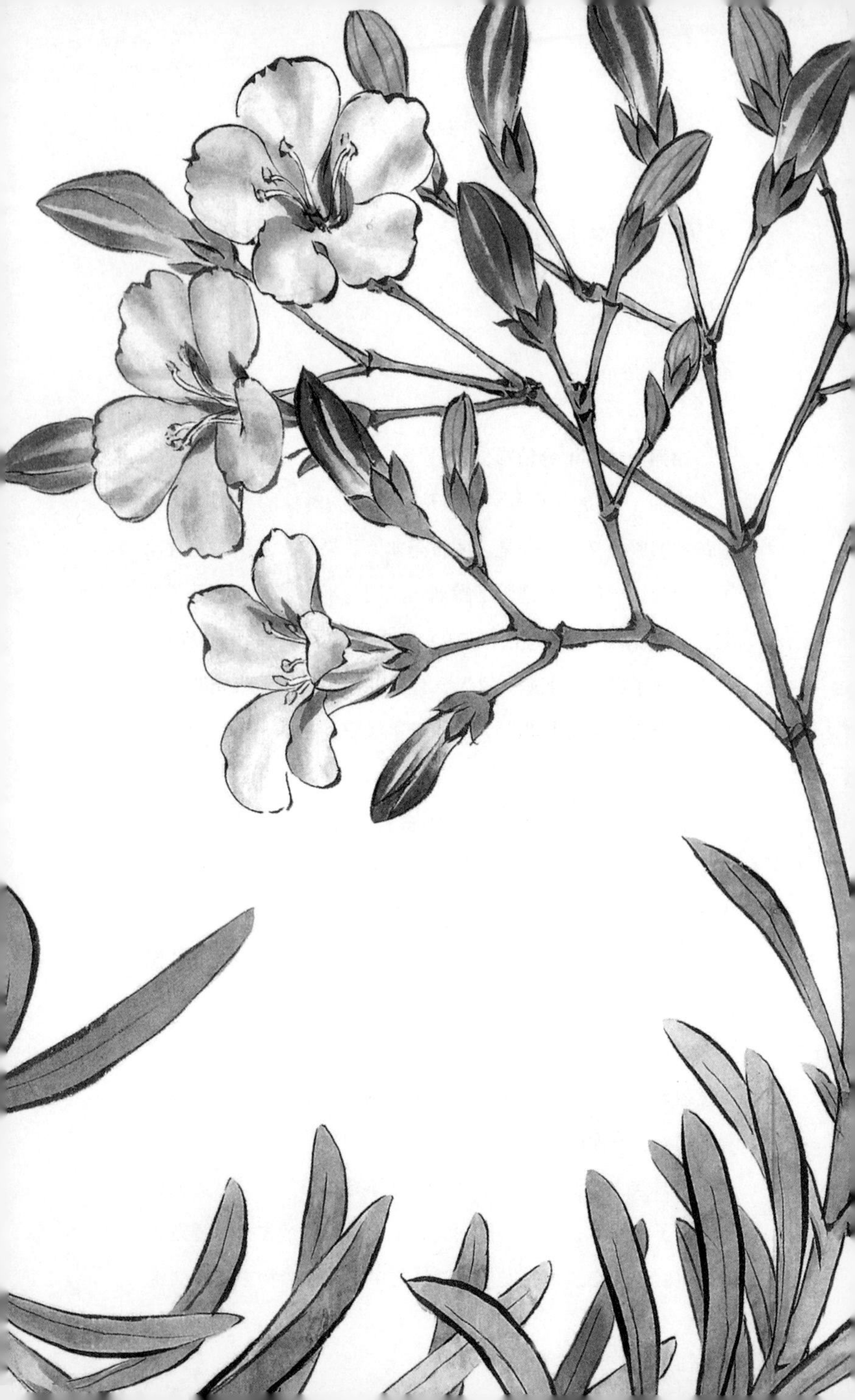

我的黥刑和劓刑补偿回来，使我随着先生您精进而得道呢？"

这个回答很有力量，表示出了意而子的决心，不过，它还是堕入到许由所设置的陷阱里了。——之前，许由故意将意而子比喻为盲者，称他再也无法看见天道的颜色，意而子便由此援引而上，辩称自己之前的错误，也许是天道的安排。但实际上，天道的玄妙，哪里是盲人看物可以比拟的呢？在天道面前，黥刑和劓刑哪里是什么不得了的错误呢？又哪里需要补偿呢？

虽然意而子在此尚未通透，然而他志向已明，也算是通过了测试，于是许由便先给了他一个"未可知"的评论，又郑重地告诉他：天道摧毁万物也好，泽及万世也罢，都不同于人道的仁义和是非，如果领悟了这些，就可以逍遥游于世间了！那也即是说，意而子过去的追寻人道、躬服仁义和明言是非，因此而得的黥刑和劓刑……凡此种种，在天道面前都可以统统抛开。

颜回先于孔子坐忘

大宗师寓言之五
不拘于先后

在孔子的引领下，颜回勘破了仁义、礼乐，最终达到了坐忘的状态，与大道贯通为一，而这个境界使孔子也自愧不如，反而主动颠倒师生的身份，请求追随他。

什么叫"坐忘"呢？颜回给出了几个标准。"堕肢体"，在前文兀者、恶人等故事中有所讨论；"黜聪明"，在惠子"坚白鸣"等故事中有所讨论；"离形去知，同于大通"，正是《庄子·内篇》一直贯彻的内核。简言之，"坐忘"并不是刻意地去忘记什么、打破什么，而是将外物之身尽"坐"于此，"忘"

颜回曰：「回益矣。」仲尼曰：「何谓也？」曰：「回忘仁义矣。」曰：「可矣，犹未也。」他日复见，曰：「回益矣。」曰：「何谓也？」曰：「回忘礼乐矣。」曰：「可矣，犹未也。」他日复见，曰：「回益矣。」曰：「何谓也？」曰：「回坐忘矣。」仲尼蹴然曰：「何谓坐忘？」颜回曰：「堕肢体，黜聪明，离形去知，同于大通，此谓坐忘。」仲尼曰：「同则无好也，化则无常也。而果其贤乎！丘也请从而后也。」

其所有，如此才可以生出"以明"之心，参悟天道。在《齐物论》中，南郭子綦隐几而坐，参悟天籁与"吾丧我"，便是"坐忘"。在《人间世》中，孔子曾以"坐驰"之说来开导颜回，此处，颜回又反过来以更具有大知的"坐忘"之说来向孔子展示，如此大的反转使孔子"蹴然"，惊讶不已，并表示"请从而后也"，这是很有戏剧性却又很符合逻辑的。不得不佩服庄子埋笔之深。

庄子多次假借孔子之口进行议论，计有三种情况：

其一，人道之事，为我代言。

对待一般的事物，庄学和儒学往往是相通的，所以，在这一部分，庄子对孔子是肯定的态度。比如《人间世》中孔子劝阻颜回入卫的故事。

其二，困于人道之事，供我批判。

庄学认为儒学的缺陷便在于困于人道，不知天道，所以，《庄子》中特别有批评孔子的相关故事，比如《人间世》中楚狂接舆之歌、《德充符》中孔子评价叔山无趾等。

其三，天道之事，寄我厚望。

庄学认为，诸子之学中，儒学距离庄学最近，向前一步，便能打破执念，一同入道，故此，不惜屡次借孔子之口大谈庄学之道，以此鼓励受众。本故事即是如此。

这是《内篇》中最后一个关于孔子的故事，在此，弟子颜回先于孔子入道了，而且孔子也不甘落后，努力跟上。表面上，它阐述了一个闻道不分先后的道理，而实质上，它又何尝不是庄子对于儒学的肯定和期许呢？

子舆与子桑友,而霖雨十日,子舆曰:"子桑殆病矣!"裹饭而往食之。至子桑之门,则若歌若哭,鼓琴曰:"父邪!母邪!天乎!人乎!"有不任其声而趋举其诗焉。子舆入,曰:"子之歌诗,何故若是?"曰:"吾思夫使我至此极者而弗得也。父母岂欲吾贫哉?天无私覆,地无私载,天地岂私贫我哉?求其为之者而不得也。然而至此极者,命也夫!"

子桑尚未领悟

大宗师寓言之六
求道之阻碍唯有自己

上文中有子祀、子舆、子犁、子来四人为友，也有子桑户、孟子反、子琴张三人为友，以文中的描述，他们全部是"相视而笑，莫逆于心，遂相与为友"，也即是真人之"真友"。

在本故事中，子舆与子桑为友，所不同的是，此友非彼友：他们并没有"相视而笑，莫逆于心"地同在一个境界中，而是子舆已经悟道，子桑却陷于懵懂，两人相差甚远。故而，大知的子舆很能了解小知的子桑，一看到连续降雨已有十日之久，子舆便敏锐地觉察到：子桑快要病了吧！于是拿着饭前去探望。

果然，子桑正在"若歌若哭"地鼓琴，声音微弱，词句不清，无力地陷入困境之中。

在《大宗师》的开篇，庄子便提出观点："知天之所为，知人之所为。"其主要内涵在于"知"。子桑在此时思考自己、父母、天地，可谓是"思天之所为，思人之所为"，然而，"弗得也"，"思"却未能"知"，便无法达到大宗师的境界，只能不停地感慨：沦落至如此绝境，难道就是天命吗？

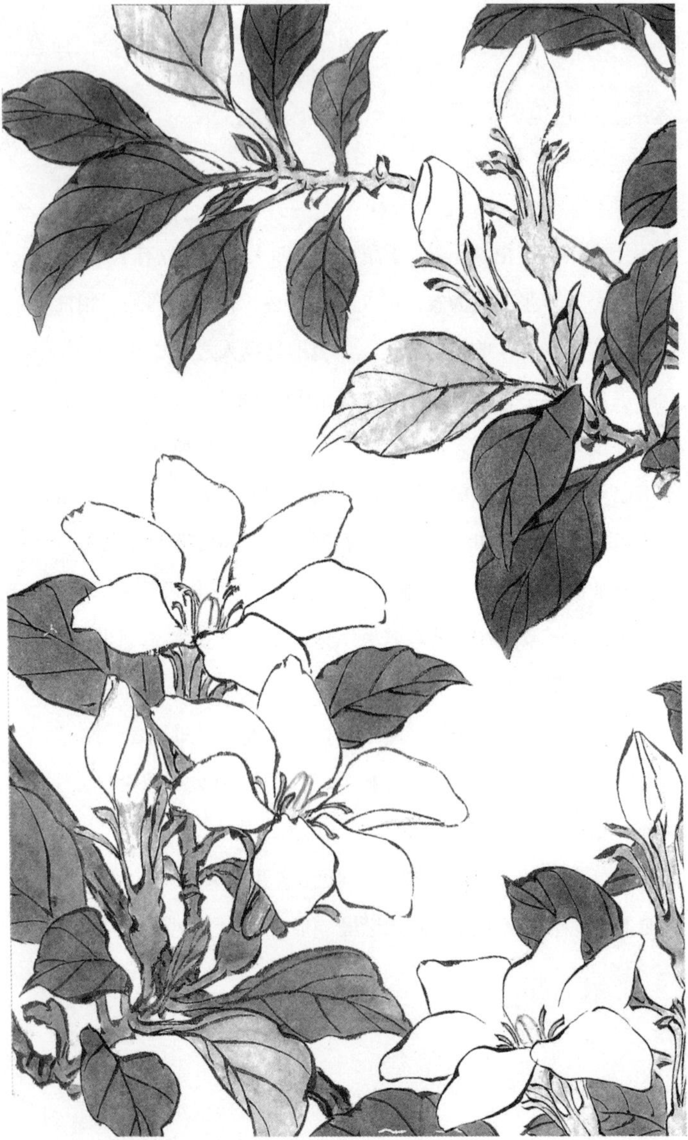

逍遥并非唾手可得

《庄子·内篇》结尾之二
不逍遥，则困苦

理论已经辨明，求道之路便因此而容易了吗？并没有。在前文中，庄子也多次阐释了"指穷于为薪"的道理，大道之火，仍然要不断努力，方能求得。

本篇《大宗师》是全部《庄子·内篇》的理论总结，兼顾天道之体与天道之用，立论统一，体系完备。不过，愈是如此，愈要当心其不足之处。

故此，《大宗师》开篇用了四个部分进行了总结性的体系化阐述，然后又用五个故事正向地说明需要勘破的种种阻碍，最后，用这样一个故事进行反向的说明，意在使人警醒，也与之前所有的立论相呼应。

《庄子·内篇》以鲲鹏极其逍遥之故事作为开篇，却以子桑极其困苦之境遇作为结尾，前后呼应，其寓意十分明确：

能够逍遥游于世间，是每个人的愿望，然而，只有像鲲鹏这样，一直怀着"犹有未树"之心、不断"图南"之志，定乎内外之分，厚积水风为力，一直向着天道进取，才会达到逍遥的至境，"不夭斤斧，物无害者，无所可用，安所困苦哉！"

否则，子桑的困苦，不正是最直接的警示吗？

第七篇

应帝王

以自己的见解来规范他人的见解，必定会使人迷失自己的本性。

《逍遥游》《齐物论》《养生主》等三篇论述天道之体，《人间世》《德充符》《大宗师》等三篇论述天道之用，至此，天道之立论已完备。

不过，人道亦是天道的一部分，人道种种，亦可论之。本篇《应帝王》，即论述所谓人道。

人之为人，须要应和天道，为师，亦须应和弟子。帝王本非庄子关心之事，奈何弟子求之，故发其言。这便是本篇《应帝王》的由来。庄子在《齐物论》中讲"枢始得其环中，以应无穷"，在本篇结尾讲"应而不藏"，在开篇寓言中，化身蒲衣子应和啮缺之请求，均是此意。

然而，本篇之人道，是天道之人道，与儒学等人道之人道大有不同。开篇啮缺问道蒲衣子的故事即加以点明："未始出于非人"，是虞舜之道，是儒学之道，是人道之人道；"未始入于非人"，是伏羲之道，是庄学之道，是天道之人道。

本篇开篇寓言极为高妙！以故事性而言，在第二篇《齐物论》中，啮缺曾问道于王倪，本篇则问道于蒲衣子，前后相承。在内涵上，《齐物论》为天道之立论核心，为天道之督经；《应帝王》则为人道之立论核心，为人道之督经。此处安排巧妙，极有章法。

啮缺问道蒲衣子的故事，亦点明：庄子（蒲衣子）讨论人道，是因弟子（啮缺）而起，是对弟子（啮缺）的教化，这正是"未始入于非人"的手段。

此处寓言兼顾本段"非人"之道、本篇"应帝王"之缘起、本书"人道"之本元，隐喻面面俱到，极其玄妙。

中间又有三个寓言谈帝王术，亦是"非人"之手段。所谈为人道，其实是天道。

又以壶子与季咸隐喻天道与人道，做出警示，这既是本篇的结尾，亦是《庄子·内篇》的第三次结尾，告知正道。

最后以南海之帝、北海之帝扣合南冥之鹏、北冥之鲲，以浑沌扣合庄学之大辩不言，以日凿一窍扣合《庄子·内篇》，一切归于沉寂。正是"指穷于为薪，火传也，不知其尽也"。

此寓言以极虚灵之言总结庄学，言简意深，更是玄妙非常。

庄子之论述极为雄奇，洋洋洒洒，波澜诡谲，而更为神妙的是，他又能将如此发散之论述一一收线。本篇《应帝王》，明明是皇皇立言，却又在暗暗合言，最终成就《庄子·内篇》，使之浑然一体，玄妙无缺。

蒲衣子潜移默化

第一层深意
因材施教

在《齐物论》中，啮缺曾问了老师王倪四个问题，然而，啮缺的境界还不够，完全理解不了王倪答案中的寓意，反而还认为自己把老师难倒了，心中便生出错觉，感到自己比老师王倪更智慧，于是"跃而大喜"，兴高采烈地来找王倪的老师蒲衣子，把这件事告诉他。

啮缺不能理解"知"与"不知"的玄妙，不仅如此，他所关注的仅仅是世间的"利害"而已，王倪尝试了几次，始终无法使他打破执念，将他引渡到更高的层次中，故此，蒲衣子便因地制宜，换了一个切入点。——既然说到"利害"，那我们来谈谈帝王术吧！虞舜（有虞氏）和伏羲（泰氏）都是帝王，前者的成就却不如后者，为什么呢？

虞舜彰明仁义，以此广得人心，

啮缺问于王倪，四问而四不知。啮缺因跃而大喜，行以告蒲衣子。蒲衣子曰："而乃今知之乎？有虞氏不及泰氏。有虞氏其犹藏仁以要人，亦得人矣，而未始出于非人。泰氏其卧徐徐，其觉于于。一以己为马，一以己为牛。其知情信，其德甚真，而未始入于非人。"

虽然也算不错，他却从未能离开"非人"的手段；伏羲为人舒缓而安闲，以自己为马牛，从来不用"非人"的手段。

虞舜的仁义引领、鼓舞了他人，受者并不是以本性来跟随虞舜，人非其人，故此称为"非人"；伏羲从不干涉他人的本性，宁可自己为牛为马，也要保全他人的本性，所以评价他"其知情信，其德甚真"，从未有任何"非人"之事。如此比较，那当然是伏羲胜于虞舜。

这样的讨论，相信啮缺就会感兴趣并且理解了，而实际上，"未始入于非人"的主张，不正是王倪所展现的"四问而四不知"吗？不正是参悟天道的途径吗？

蒲衣子讲的是帝王术，既回答了啮缺所追问的"利害"，又讲出了天道的至理，以对方的兴趣点切入，将深意蕴含其中，真是太精妙了，不愧是王倪的老师！

蒲衣子以己为马牛

第二层深意
未始入于非人

这个故事仍有深意，并不是因材施教那么简单：

啮缺"跃而大喜"地陷入无知之中而不自知，蒲衣子既没有直率地批评，也没有虚曲地附和，而是切中肯綮地点明要旨："而乃今知之乎？"这句话一语双关，既是温和的批评，又是委婉的引领,具体往哪个方向去理解,完全靠啮缺自己的领悟。——我以路径铺设于前,至理呈现于后,并不施以干涉,静待你心性的自现。——这样的点化,不也正是一种"未始入于非人"的手法吗?

相比之下,啮缺天道之性未开,王倪却一味以天道化之,最后毫无结果,只是各说各话,还将啮缺引入"跃而大喜"的错觉之中,究其原因,则是其手段"未始出于非人"啊!

王倪类同于虞舜,他向啮缺展示"至人"之境,正犹如虞舜以仁义示人;蒲衣子则是伏羲,他寓意不辩,指而不引,正犹如伏羲"一以己为马,一以己为牛"。

如此一来,故事就更加明朗了:"有虞氏不及泰氏",王倪不及蒲衣子,不正是因为是否遵循"非人"之道的区别吗?啮缺之问道,本身不正是最好的例证吗?

同样一个简单的故事,既因材施教地点化了啮缺,同时又点明了王倪的不足之处,简直使人惊叹!

同样都是得道之人,蒲衣子却又展示出更高的境界,果真是天道无穷啊!

庄子的隐藏寄语

第三层深意
写《应帝王》一篇的缘由

《庄子·内篇》的前六篇，已经完成了庄学核心的立言。然而，并不是每个人都有追求天道的决心、准备和状态，一切既需要时机，也需要不懈的努力。在《大宗师》中，庄子借南伯子葵的故事便阐明了此事：

其一，南伯子葵虽然问道，却不是学道之人，时机未到。

其二，卜梁倚有"圣人之才"，可以学"圣人之道"，也还需要漫长的努力才行。

其三，女偊（即庄子）有"圣人之道"，却没有"圣人之才"，无法对每个人施以"点石成金"之术。

故此，庄子便在《内篇》前六篇立言完成之后，额外增加一篇《应帝王》，谈论世间的利害，讲给啮缺、南伯子葵这样的人听。——若是你们仍然感兴趣于世间的人道，我便略谈一谈，寓言其中。——这不正是庄子的因材施教和"非人"之道吗？

庄子虚构了蒲衣子的故事，放在《应帝王》篇首，以帝王术的话题切入，深层寓意仍然是天道，再暗暗地表明理论脉络，从蒲衣子之深意，到庄子之深意，再到《庄子》之深意，混合一气，勾连相应，不同的人会有不同的感悟和收获。

如此精妙的故事结构和篇章结构，无论其内涵还是整体设计，无一不体现出庄子的"大知"和逍遥！

是"德"还是"欺德"?

帝王术要点之一
非人之化,使人逃避

庄子以全部身心探究天道,对帝王之术并不真正关心,概而论之,不过就是几个要点而已。本篇,庄子假借蒲衣子之口完成了基本的立论之后,又用三个故事对三个要点分别进行了进一步议论。

日中始是帝王的代表,他的理念是:身为君王,身先士卒,亲力亲为地演示规矩、昭明义法,百姓们怎么能不听从而被感化呢?

诚然,这种身先士卒的领袖作用必然会产生一定的效果,甚至可以说,在"刑人不在君侧"的战国时代,日中始能够做到尊卑同法、上下同德,已经是非常了不起的事情了。

然而,君王所遵循的仁德,

肩吾见狂接舆,狂接舆曰:"日中始何以语女?"

肩吾曰:"告我:君人者以己出经式义度,人孰敢不听而化诸!"

狂接舆曰:"是欺德也。其于治天下也,犹涉海凿河,而使蚊负山也。夫圣人之治也,治外乎?正而后行,确乎能其事者而已矣。且鸟高飞以避矰弋之害,鼷鼠深穴乎神丘之下以避熏凿之患,而曾二虫之无知?"

一定是正义的吗？仁德具有普适性吗？你遵守的仁德，我也一定要遵守吗？

这段"肩吾见狂接舆"的故事，特别像《大宗师》中"意而子见许由"那一段：尧以仁义和是非来规范意而子，进而以仁义为名对他实施了黥刑，以是非为名对他实施了劓刑，可不就是帝王日中始的翻版吗？

以自己的见解来规范他人的见解，必定会使人迷失自己的本性，这就是"非人"之道，所以楚狂接舆称之为"欺德"，意即：以仁德为名，行欺骗之事。楚狂接舆又将它做了两个比喻：一个是"涉海凿河"，忽略他人本性之海，非要另凿河道；一个是"使蚊负山"，忽略他人飞之本性，非要背负不得已之重物。

这种帝王之术，非人而欺德，其结果如何呢？最后，楚狂接舆提出了一个意味深长的问题：在仁德的感召之下，小鸟要高飞天宇以躲避弓箭之害，鼹鼠要深入地穴以躲避熏捕之患，它们这样做，是因为无知吗？

日中始是一个虚构的帝王，其名字大有深意。庄子在《在宥》篇中谈道："大人之教"应当"出入无旁，与日无始"才是。日至中天，阳光普照，便以此为正义，不分彼此，使万物受其仁德，岂不知万物之本性各有区别，亦各有变化，谁说日至中天就是唯一的至善呢？恐怕颇有些人会因此而丧命，或者因此而逃避呢！

游访天下，还是游心于淡？

帝王术要点之二
不必求问于人，只须求道于己

君王治国，一般而言，最重要的便是评定国策，建立法度，所谓"道之以政，齐之以刑"（《论语》），也就是日中始的做法。然而，这种"出经式义"的方式却被庄子否定了，因为那只是君王自己的仁德，不是百姓心中的仁德，而且是"非人"之道，会造成对个体的损害。那么，尊重每一位个体，去向百姓问道，可不可行呢？

帝王天根便抱有如此想法，于是游于四处，遇到无名人，向他求教治理天下的事。无名人给他的答案有两点：其一，治理天下是帝王之事，不应该求助别人；其二，治理天下只须去除私心，求道于己，顺其自然。

无名人心向自由，不愿参与治国之事，这一段话，用的是庄学的

天根游于殷阳，至蓼水之上，适遭无名人而问焉，曰："请问为天下。"无名人曰："去！汝鄙人也，何问之不豫也！予方将与造物者为人，厌，则又乘夫莽眇之鸟，以出六极之外，而游无何有之乡，以处圹埌之野。汝又何帠以治天下感予之心为？"又复问，无名人曰："汝游心于淡，合气于漠，顺物自然而无容私焉，而天下治矣。"

口吻。然而，以普通百姓而言，即便状况与此不同，也总有其他的人生追求，对个人的意义要远胜于治理天下的讨论。人在世间，各得其所，各安其分，治理天下是君王的分内事，又怎么能求道于百姓呢？

帝王天根再三问询之下，无名人便给出了"游心于淡"的答案，其言外之意是：不必游于四方。

天根"游于殷阳，至蓼水之上"，是问道之游，是有目的的帝王之游，并不是逍遥之游。固然，日中始所遵从的帝王术有"欺德"之行，使百姓逃避，然而其解决办法也决不是遍寻百姓，向其求道。百姓所逃避的，无非是仁德这些"非人"的枷锁，既然如此，撤去就是了，何必要向百姓问道，试图求问出新的枷锁来呢？

所以，对己"游心于淡"，不必游于四方，对百姓"顺其自然"，不必彰显仁德，就是所谓帝王之术了。

天根也是虚拟的帝王，因其放弃了"出经式义"的仁德，跳出了人道的境界，已有天道之根慧，故而名为天根。

所谓"无名人"就是百姓的投射，天下之大，众生芸芸，都是无名之人，哪里问得过来呢？而庄子在《逍遥游》中又讲："圣人无名"，其实每一位个体都是圣人，不过是境界各有高低罢了，而即便如此，帝王之术也并不需要向每一位圣人求道，"游心于淡"才是精进的至理。

阳子居见老聃,曰:"有人于此,向疾强梁,物彻疏明,学道不倦。如是者,可比明王乎?"
老聃曰:"是于圣人也,胥易技系,劳形怵心者也。且也虎豹之文来田,猨狙之便执斄之狗来藉。如是者,可比明王乎?"
阳子居蹴然曰:"敢问明王之治。"
老聃曰:"明王之治:功盖天下而似不自己,化贷万物而民弗恃。有莫举名,使物自喜。立乎不测,而游于无有者也。"

学道不倦，还是游于无有？

<u>帝王术要点之三</u>
<u>不必劳心劳力，只须立乎不测</u>

既然帝王之术只须求道于己，具体又应当如何去做呢？阳子居提出了"物彻疏明，学道不倦"的标准，但是被老子否决了。

世间往往会给"励精图治"的君王以好评，阳子居提出的标准还不只于此，更是从"彻物"和"学道"两个维度上加以升级，便看似更加精准了，然而，老子却反问道：这种劳心劳力的做法，不是每一个小官小吏都会做的事吗？哪里是圣人之道呢？何况，虎豹的花纹越漂亮就越会吸引猎人，猿猴再灵活也逃脱不了追捕，若是像它们一样，又怎么能算得上明王呢？

这一番反问确实非常有力：其一，"物彻疏明，学道不倦"只是人皆应有的精神，并不是明王的特质；其二，这种精神无法保证治国的结果，相反，还会招致灾祸。听到这一番精彩的分析，阳子居蹴然有悟，连忙问道。

老子所言，要点有二：

其一,"化贷万物而民弗恃",其本质仍然是"顺物自然",国民需要圣人的化度,然而,不可用仁德等"非人"之道强硬化之,而应当"润物细无声",使民众得到化度却不依赖,保证民众不丧失本性,"使物自喜",这样便不必劳力劳心了。这才跳出了小吏的层次,达到了明王的境界。

其二,"立乎不测",既是修身之道,又是治国之道。若是完全遵从于某一规划、某一策略,看似逐渐强大,其实是自曝于人,犹如虎豹之花纹、猿猴之灵活。明王之治,游于无有,却可以变化莫测,达到最强大的形态。

化贷万物而民弗恃

应帝王立言小结
明王之治,使物自喜

三个小故事,概括出三类"明君":身先士卒、不耻下问、励精图治。遍数世间的"明君",经常为人所看中的,不就是这几项品质吗?然而,身先士卒不过是"欺德"之行,不耻下问其实是俎庖不分,励精图治终究是劳形怵心,不过都是表面上显得好看而已,哪里是真正的帝王之术呢?

庄学所主张的帝王之术，只是"使物自喜"而已，看似简单，却很难做到，要用"未始入于非人"的方法才可以达到。而"未始入于非人"又绝不是无所作为，看似"其卧徐徐，其觉于于"，其实则是"一以己为马，一以己为牛"，能用巧妙的智慧度化世人，使其自喜。这样的大知，无论说是天道还是帝王术，都已经没有什么分别了。

踵。是殆见吾善者机也。尝又与来。」

明日，又与之见壶子。出而谓列子曰：「子之先生不齐，吾无得而相焉。试齐，且复相之。」

列子入，以告壶子。壶子曰：「吾乡示之以太冲莫胜，是殆见吾衡气机也。鲵桓之审为渊，止水之审为渊，流水之审为渊。渊有九名，此处三焉。尝又与来。」

明日，又与之见壶子。立未定，自失而走。壶子曰：「追之！」列子追之不及。反以报壶子曰：「已灭矣，已失矣，吾弗及已。」壶子曰：「乡吾示之以未始出吾宗。吾与之虚而委蛇，不知其谁何，因以为弟靡，因以为波流，故逃也。」

然后列子自以为未始学而归，三年不出，为其妻爨，食豕如食人，于事无与亲，雕琢复朴，块然独以其形立。纷而封哉，一以是终。

郑有神巫曰季咸，知人之死生、存亡、祸福、寿夭，期以岁月旬日，若神。郑人见之，皆弃而走。列子见之而心醉，归，以告壶子，曰：『始吾以夫子之道为至矣，则又有至焉者矣。』

壶子曰：『吾与汝既其文，未既其实，而固得道与？众雌而无雄，而又奚卵焉！而以道与世亢，必信，夫故使人得而相女。尝试与来，以予示之。』

明日，列子与之见壶子。出而谓列子曰：『嘻！子之先生死矣！弗活矣！不以旬数矣！吾见怪焉，见湿灰焉。』列子入，泣涕沾襟，以告壶子。壶子曰：『乡吾示之以地文，萌乎不震不正。是殆见吾杜德机也。尝又与来。』

明日，又与之见壶子。出而谓列子曰：『幸矣！子之先生遇我也！有瘳矣，全然有生矣！吾见其杜权矣。』列子入，以告壶子。壶子曰：『乡吾示之以天壤，名实不入，而机发于

深不可测之境

《庄子·内篇》结尾之三
<u>人道没有止境，天道没有止境</u>

季咸能知人之生死存亡、祸福寿夭，被人奉为神明，列子也为之心醉，将他引荐给老师壶子，便有了四次相见：这四次，壶子分别展示了大地之静寂、天壤之生机、九渊之变易、太虚之委蛇。前两次相见，打破了季咸关于"生死存亡"的掌握与判定，也即是人道的至高之境；后两次相见，则展示了天道深不可测的境界。

从表面上看，无论是在人道中被封神的季咸，还是悟道后已入至境的列子，都已经和帝王之术毫无关系了。不过，庄子在前文中已经论述了帝王术的三个要点，立言已毕，而且在上一个阳子居的故事中已经阐释了："立乎不测"是根本之道，万物一理，无论修身还是治国，尽皆如此。

这一篇变幻莫测的故事犹如定海神针，居于此处，作用有三：

其一，它展示了天道的深不可测之境，这是对上一篇故事"立乎不测"的顺势解读和深入阐述。

其二，它展示了"天道大于人道"的结论，以天道来定义帝王术的内涵，以特别的方式对本篇《应帝王》进行总结，作为不忘初心的警醒。

其三，它展示了"天人合一"的境界，强调了天道即是人道、至人术便是帝王术，这也是对整个《庄子·内篇》的第三次结尾。

列子在悟道之后，"于事无与亲，雕琢复朴，块然独以其形立"，已入至人之境，其实，这不也正是明王之境吗？他"纷而封哉，一以是终"，能够在纷乱的战国时代独立而安然，这是圣人所追求的结果，不也正是明王所追求的吗？

在外在的表现上，天道是大知，高于人道的小知，而在内在的修行上，天道和人道其实没什么分别，浑然一体。

儵忽凿窍，浑沌死

《庄子·内篇》真正的结尾
无中生有，有中生无

至此，全部《内篇》，即庄学的主体思想，已经再次立言完毕，除了最后一条——庄子一再强调："大道不称，大辩不言。（《齐物论》）"既然如此，这七篇庄学之言，字字珠玑，在此耸然而立，岂不是犯了言之过吗？又当如何理解呢？

浑沌，便是天道，便是庄学，其实本不必言，只是众多弟子们需要庄子立言，劝而为之，于是写成七篇，对应七窍，以通于人。

天道之大，岂可尽言？以窍示人，亦非天道之本。于是，浑沌便不再是浑沌，浑沌已死。

所谓南海之帝，不正是南冥的大鹏吗？所谓北海之帝，不正是北冥的巨鲲吗？这段故事，紧扣开篇，构成了《庄子·内篇》

无为名尸，无为谋府，无为事任，无为知主，体尽无穷，而游无朕。尽其所受乎天，而无见得，亦虚而已。至人之用心若镜，不将不迎，应而不藏，故能胜物而不伤。

南海之帝为儵，北海之帝为忽，中央之帝为浑沌。儵与忽时相与遇于浑沌之地，浑沌待之甚善。儵与忽谋报浑沌之德，曰："人皆有七窍以视听食息，此独无有，尝试凿之。"日凿一窍，七日而浑沌死。

的第三个结尾，也是最终的结尾，真正的结尾。

人生而为鲲，化而为鹏，或逍遥于北冥，或迁徙至南冥，或为北海之帝，或为南海之帝，倏忽之间参悟天道，偶尔之中达于浑沌。

天道本是浑沌，浑沌即是至道，然而世人无知，不凿七窍不足以明道，庄子便留下圣言七篇：《逍遥游》《齐物论》《养生主》《人间世》《德充符》《大宗师》《应帝王》，为天道之七窍。

天道本无窍，因人而有窍，故此：天道生窍，浑沌即死。

庄学本是澄澈一片，亦是溟漠一片，亦是浑沌一片，在此立言，凿窍而死。——然而，死去的是浑沌吗？是庄学吗？还是另有他者？

天道无止境，吾知亦无涯。《庄子·内篇》七篇，不过是导引之论，又怎能把天道说尽？

若是完全以此为凭，步之蹈之，再无探求，又怎能上达真正的至道？故此，庄子之意，意在警醒：大知虽大，亦不必以此为牢；至言虽立，倒不妨坐忘而化。

无窍便是有窍，有窍便是无窍。以此形死，以彼形生。倏忽之间参悟浑沌，不妨再彼此相忘于江湖。《庄子》已立，《庄子》已死，《庄子》已化。而天道浑沌仍在每个人内心的修为之中，怎么会死呢！

图书在版编目(CIP)数据

人生无意读庄子/陈可抒著.—北京：北京联合出版公司,2020.9（2025.1重印）
ISBN 978-7-5596-4432-9

Ⅰ.①人… Ⅱ.①陈… Ⅲ.①道家②《庄子》–通俗读物 Ⅳ.①B223.5-49

中国版本图书馆CIP数据核字(2020)第130589号

人生无意读庄子

作　　者：陈可抒
出 品 人：赵红仕
责任编辑：徐　樟
封面设计：吉冈雄太郎

北京联合出版公司出版
（北京市西城区德外大街83号楼9层　100088）
北京时代华语国际传媒股份有限公司发行
北京盛通印刷股份有限公司印刷　新华书店经销
字数150千字　820毫米×1116毫米　1/32　8印张
2020年9月第1版　2025年1月第23次印刷
ISBN 978-7-5596-4432-9
定价：36.00元

版权所有，侵权必究

未经书面许可，不得以任何方式转载、复制、翻印本书部分或全部内容。
本书若有质量问题，请与本公司图书销售中心联系调换。电话：010-63783806